GÉOGRAPHIE
COMPARÉE;
OU
ANALYSE
DE LA GÉOGRAPHIE
ANCIENNE ET MODERNE
DES PEUPLES DE TOUS LES PAYS ET DE TOUS LES AGES.

GÉOGRAPHIE
COMPARÉE;
OU
ANALYSE
DE LA GÉOGRAPHIE
ANCIENNE ET MODERNE
DES PEUPLES DE TOUS LES PAYS ET DE TOUS LES AGES;

Accompagnée de Tableaux analytiques & d'un grand nombre de Cartes, les unes comparatives de l'état ancien & de l'état actuel des Pays ; les autres plus détaillées, & repréfentant ces Pays dans leur état ancien, ou dans leur état moderne :

PAR M. MENTELLE, Hiftoriographe de Mgr. le Comte D'ARTOIS, Penfionnaire du Roi, Profeffeur émérite d'Hiftoire & de Géographie à l'Ecole Royale Militaire, de l'Académie des Sciences & Belles-Lettres de Rouen, de l'Académie Royale *de la Hiftoria* de Madrid, Cenfeur Royal, &c. &c.

TURQUIE D'EUROPE

A PARIS,
Chez { L'AUTEUR, à l'hôtel de Mayence, rue de Seine, F. S. G., N°. 27.
NYON l'aîné, Libraire, rue du Jardinet.
NYON le jeune, Libraire, quai des Quatre Nations.

M. DCC. LXXXV.
Avec Approbation & Privilège du Roi.

GÉOGRAPHIE COMPARÉE
DE LA TURQUIE D'EUROPE.

GÉOGRAPHIE MATHÉMATIQUE.

Situation & Étendue.

LE pays nommé aujourd'hui *Turquie Européenne* occupe, en y comprenant la Petite Tartarie, la partie du Sud-Est de l'Europe. Sa forme est fort irrégulière.

Dans la partie septentrionale, elle s'étend de l'Ouest à l'Est, depuis le 33ᵉ d. 30 m. de longitude, jusqu'au 60ᵉ, ce qui fait 26 degrés ½ (1), lesquels, réduits en lieues, donnent environ 437 lieues de 2282 toises.

---

(1) A cette latitude, le degré de longitude est estimé de 16 à 17 lieues.

Mais comme ce pays se rétrecit fort vers le Sud, sa largeur moyenne n'est guères que depuis le 37ᵉ deg. jusqu'au 42ᵉ, espace que l'on peut estimer 100 lieues (1).

Sa latitude s'étend depuis le 36ᵉ d. 30 m. jusqu'au 49ᵉ, ce qui fait 12 degrés ½, ou 312 lieues ½ (2).

Il faut observer cependant que de l'extrêmité de la Morée jusques aux frontières de la Hongrie, en ligne droite, on ne va que jusqu'au 45ᵉ degré, ce qui n'en donne que 9, estimés 225 lieues.

Bornes.

Cette vaste étendue de pays a, au Nord, une partie de la *Pologne* & de la *Russie*; à l'Est, la *Mer Noire*, la *Mer de Marmara* & une partie de l'*Archipel*; au Sud, la *Mer de l'Archipel*; à l'Ouest, la *Mer de Grèce* & le *Golfe de Venise*.

---

(1) Le degré étant estimé à cette latitude d'environ 20 lieues.

(2) Le degré de latitude est toujours estimé de 25 lieues terrestres, chacune de 2282 toises, ou de 20 lieues marines de 2853 toises.

GÉOGRAPHIE POLITIQUE.

Divisions anciennes & modernes.

Noms *anciens.*	Noms *modernes.*
1°. La GRÈCE, comprenant :	
Le Péloponèse	*La Morée.*
La Grèce propre	*La Livadie.*
La Thessalie	*Le Sandgiak de Larissa.*
L'Epire & l'Illyrie.	*L'Albanie.*
La Macédoine	*La Macédoine.*
2°. La THRACE	*La Romanie*, ou *Roum-ili.*
3°. La MŒSIE { supérieure	*La Servie.*
{ inférieure	Partie de *la Bulgarie.*
4°. La DACIE TRAJANE {	*La Valachie.*
{	*La Moldavie.*
{	*La Bessarabie.*
5°. Les IAZIGES	*Les Tartares d'Ocsacow.*
6°. La CHERSONESE TAURIQUE {	*La Crimée.*
7°. Une partie de la SARMATIE {	*Les Tartares Nogaïs.*

GÉOGRAPHIE ANCIENNE.

CHAPITRE PREMIER.

DE LA GRÈCE.

LES Grecs, pendant long-tems, ne comprirent pas la Macédoine dans la Grèce, & même ils en féparoient quelquefois la Theffalie ; mais je n'ai pas cru devoir me conformer à leur opinion, & j'ai compris, fous cette divifion, tous les pays jufqu'à la Thrace exclufivement.

ARTICLE PREMIER.

DU PÉLOPONÈSE (1).

LE Péloponèfe forme une prefqu'île au Sud de la Grèce, & ne tient à la terre-ferme que par un ifthme, appelé anciennement *ifthme de Corinthe*, & qui porte aujourd'hui

___
(1) La Morée.

le nom d'*Examili*, par lequel on indique, dans la langue grecque, qu'il a *fix milles*, ou environ deux lieues de largeur.

Il s'étend depuis le 36ᵉ degré 30 m. de latitude, jufqu'au 38ᵉ degré 35 m.; & en longitude, depuis le 39ᵉ degré, jufqu'au 41ᵉ 30 m. Sa forme eft fort irrégulière; enforte qu'il a au plus 40 lieues de l'Oueft à l'Eft, & 30 du Sud au Nord.

Le nom de Péloponèfe fignifie *île de Pélops*. Les Grecs en faifoient remonter l'origine à l'invafion d'un Prince de ce nom, qui vint, dit-on, de la Phrygie (en Afie) former un établiffement en Grèce. Ce pays a auffi porté les noms d'*Apia*, d'*Argolide*, de *Pélafgie*, que les Grecs dérivoient d'autant de Princes anciens dont l'exiftence n'eft pas trop bien conftatée (1).

Malgré fon peu d'étendue, le Péloponèfe fut, pendant long-temps, la portion la plus confidérable de la Grèce. Il renfermoit fept à huit Etats dont quelques-uns avoient été très-puiffans; c'étoient:

---

(1) Lorfque les Grecs &, à leur imitation, les Latins étoient embarraffés fur une étymologie, ils avoient auffitôt un Héros tout prêt dont ils empruntoient le nom, & mettoient ainfi leur ignorance à couvert.

L'*Argolide*, la *Laconie*, la *Messénie*, l'*Elide*, l'*Achaye*, la *Sicyonie*, la *Corinthie*, & l'*Arcadie*.

DE L'ARGOLIDE (1).

L'ARGOLIDE, située au Sud-Est du Péloponèse, étoit en partie dans une presqu'île resserrée à l'Est par le golfe *Saronique*, & à l'Ouest par le golfe *Argolique*. Le reste du pays avoit au Nord la *Corinthie* & la *Sicyonie* ; à l'Ouest, l'*Arcadie* ; au Sud, le golfe *Argolique* & une partie de la *Laconie*.

Il avoit d'étendue, dans sa plus grande longueur, 22 lieues, & 12 dans sa plus grande largeur.

Ce pays fournissoit de bons pâturages ; aux environs d'Argos, il y avoit des oliviers & du bled.

Ses principaux fleuves étoient :

L'*Inachus* (2), qui passoit à Argos & se jetoit au Sud, dans des lagunes.

L'*Erasinus*, qui couloit de l'Ouest à l'Est, & se rendoit dans le golfe Argolique.

Dans la partie de l'Ouest, étoit le lac de *Lerne*, appelé aussi *marais*, & connu

---

(1) Partie de la Sacanie.
(2) Planissa.

dans la Fable par l'hydre qu'Hercule y tua.

Ses principales villes étoient :

ARGOS (1), furnommée *Hyppobotos*, fondée, difoit-on, par Inachus : elle étoit ornée d'un grand nombre de beaux édifices.

NÉMÉE, au Nord, connue par le lion qui fe retiroit dans fa forêt, & qui fut, dit-on, tué par Hercule.

MYCÈNES, que l'on croyoit avoir été fondée par Perfée, & que les Argiens détruifirent par jaloufie de ce que fes habitans avoient eu part à la défenfe du paffage des Termopyles, attaqué par les Grecs, l'an 480 avant J. C.

TIRYNTHE, à l'Eft d'Argos, entre des montagnes. Cette ville eut le fort de la précédente.

NAUPLIA (2), dont le nom indique en grec un lieu où fe raffemblent des vaiffeaux, & qui étoit en effet le port des Argiens.

ÉPIDAURE (3), capitale d'un territoire confacré à Efculape, & dans lequel la vénération de toute la Grèce pour le Dieu protecteur des malades attiroit un grand

---

(1) Argo.
(2) Napoli de Romanie.
(3) Pidavra.

concours de peuples, & les plus riches offrandes.

TRÉSÉNE, ville fort ancienne, & qui comptoit parmi ses anciens Princes, Pythée, aïeul de Théfée & bisaïeul d'Hippolyte.

Dans le golfe Saronique, étoit l'île d'*Egine*, qui fut peuplée d'assez bonne heure par les Argiens, mais dont les Athéniens, voisins jaloux & inquiets, chassèrent les habitans, qui pourtant y revinrent dans la suite.

Les Argiens passoient pour de bons marins, & d'assez bons guerriers : ils se distinguèrent peu dans les Arts & dans les Lettres.

Le royaume d'Argos, fondé par Inacus vers l'an 1823 avant Jesus-Christ, subsista sous les descendans de ce prince jusqu'à Danaüs, venu d'Egypte, comme Inachus, en 1510. Sous les règnes de Prétus & d'Acrisius, frères, le royaume fut partagé entr'eux & Mélampe & Bias.

Persée, en 1348, fonda un nouveau royaume ; ce fut celui de Mycènes.

L'Argolide passa, vers l'an 1291, au pouvoir de la famille de Pélops, appelée des *Pélopides*.

Des guerriers se prétendant descendus d'Hercule, & connus sous le nom d'*Héraclides*, s'emparèrent du Péloponèse & de l'Argolide en 1129.

On voit donc que ce royaume fut d'abord aux *Inachides*, puis aux *Danaïdes*, ensuite & tout-à-la-fois partagé entre les *Prétides*, les *Mélampides* & les *Biantides*. De-là, il passa aux *Pélopides*, dont les plus connus sont Atrée, Thyeste & Agamemnon ; & enfin aux *Héraclides*. Ce royaume fut érigé en république vers l'an 1080, après la mort de Meltas, qui perdit la couronne & la vie en voulant rendre à l'autorité royale son ancien pouvoir. Le Gouvernement y étoit démocratique.

Les Argiens eurent ensuite plusieurs guerres à soutenir contre les Lacédémoniens, & eurent presque toujours du désavantage. Vers l'an 267, Pyrrus, roi d'Epire, voulant prendre Argos, fut assommé d'une tuile que lui jeta une femme de dessus un toît. Peu après, cette ville tomba au pouvoir des Lacédémoniens : elle recouvra sa liberté sous le tyran Nabys. Enfin, les Romains s'en rendirent maîtres en 146.

DE LA LACONIE (1).

La Laconie occupoit la partie la plus méridionale du Péloponèse ; elle avoit environ 16 lieues dans sa plus grande longueur, depuis le promontoire de *Ténare* au Sud, jusqu'aux frontières de l'Argolide, & 12 à-peu-près dans sa plus grande largeur.

Ses bornes étoient, au Nord, l'*Arcadie* & l'*Argolide* ; à l'Est, le golfe *Argolique* ; au Sud, le golfe de *Laconie* ; à l'Ouest, le golfe de *Messénie* & la *Messénie* elle-même.

L'*Eurotas* (2) étoit son principal fleuve ; il couloit du Nord au Sud.

Sa principale montagne étoit le mont *Taygète* (3), fort couvert de bois, & très-peuplé de gibier. Il s'étendoit du Nord au

---

(1) Tzaconie.
(2) Vasili-potamo.
(3) Monte di Maina.

Sud, à l'occident de Sparte. Le mont *Tornax* étoit vers le Nord.

Le pays étoit peu fertile : on y trouvoit du marbre vers le promontoire de Ténare. Il ne s'en trouve plus ; mais le pays produit abondamment de l'huile, de la foie, du bled & des légumes.

Les principales villes de la Laconie étoient :

SPARTE (1), nommée aussi *Lacédémone*, sur l'*Eurotas*. Elle étoit plus ornée de monumens que l'on ne le croit communément. On y admiroit sur-tout le *portique des Perses*, élevé à l'occasion de leur défaite. Cette ville n'avoit pas de murailles ; sa défense étoit confiée à la valeur de ses habitans.

AMYCLÉES, au Sud de Sparte, & dont Polybe parle avec beaucoup d'éloge. Elle étoit située dans un beau territoire, & s'étoit rendue célèbre par son culte d'Apollon.

HÉLOS près de la mer. Ses habitans ayant été réduits en servitude par les Spartiates, avoient donné le nom d'*Hélotes* ou d'*Ilotes* à tous les esclaves des campagnes de la Laconie.

---

(1) Vers l'endroit où est aujourd'hui Mistra.

GITHYUM (1), sur la côte à l'Ouest, port assez considérable & ville très-peuplée & très-forte.

TÉNARE (2), au Sud, qui n'étoit qu'un promontoire avec un temple de Neptune.

Le royaume de Lacédémone fut fondé l'an 1516 avant Jesus-Christ par Lélex, qui eut douze successeurs, dont le dernier fut Tisamène, sous lequel les Héraclides s'emparèrent de la Laconie, en 1129. Deux princes montèrent à la fois sur le trône ; ce furent Eurystène & Proclès. Ce royaume se soutint pendant long-tems, & eut la plus grande part aux affaires de la Grèce. Les Lacédémoniens sont connus dans l'Histoire par la sévérité de leurs loix & la rivalité qui règna entr'eux & les Athéniens. Après les rois Héraclides, on trouve quelques tyrans. Nabys, le dernier, ayant été tué en 192 avant Jesus-Christ, le pays passa au pouvoir des Romains.

DE LA MESSÉNIE (3).

La Messénie étoit au Sud-Ouest du Péloponèse : sa forme très-inégale prenoit sur son étendue. Elle avoit dans sa plus grande largeur 13 à 14 lieues, & 10 à peu-près du Sud au Nord.

Ses bornes étoient, au Nord, l'*Elide* & l'*Arcadie* ; à l'Est, la *Laconie* ; au Sud, en grande partie le golfe de *Messénie* (4) ;

---

(1) Colo-Kytia.
(2) Cap Matapan.
(3) Partie du Belvedère.
(4) Golfe ou Baie de Coron.

à l'Ouest, une partie de la mer *Ionienne*.

Le *Pamissus* étoit sa principale rivière, & couloit à-peu-près du Nord au Sud.

Le pays étoit montueux & peu fertile.

Ses principales villes étoient :

MESSÉNE (1), au pied du mont Ithome : elle étoit ornée de Temples.

Ithome étoit aussi le nom d'une forteresse bâtie sur une montagne de ce nom, & qui étoit la principale défense du pays.

Ira, forteresse fort connue dans l'Histoire. Elle fut prise par les Lacédémoniens l'an 670 avant Jesus-Christ, & avec elle tout le pays passa au pouvoir des ennemis. Les Messéniens qui se sauvèrent passèrent en Arcadie.

PYLE (2) étoit à l'Ouest, & passoit pour être la ville où avoit règné Nestor.

STÉNICLARE. (3) On voit par le témoignage de Pausanias & de Strabon, que Cresphonte, l'un des chefs des Héraclides, ayant eu la Messénie en partage, en fit sa capitale. Pausanias la nomme Βασιλειον, ou *ville royale*.

---

(1) Mavra Mathia.
(1) Navarin.
(2) Nisi.

La

La Messénie, par sa position, étoit trop à la bienséance des Lacédémoniens pour ne pas exciter dans ce peuple féroce le desir de s'en emparer : c'est ce qui arriva. Les Messéniens eurent d'abord des rois, entre lesquels on compte Nélée & Nestor ; puis, sous les Héraclides, des chefs ou commandans. Le plus illustre, qui fut aussi le dernier, est Aristomène. Les Messéniens furent subjugués & chassés de leur pays par les Lacédémoniens vers l'an 668. Ce fut alors que des troupes de ces fugitifs, passées en Sicile, s'emparèrent de Zancle, à laquelle ils donnèrent le nom de *Messane*, dont on a depuis fait Messine.

DE L'ELIDE.

L'Elide, située à l'Ouest du Péloponèse, avoit au Nord une portion de l'*Achaïe* ; à l'Est, l'*Arcadie* ; au Sud, la *Messénie* ; à l'Ouest, la mer *Ionienne*.

Elle avoit environ 20 lieues du Sud au Nord, & 5 à 6 de l'Ouest à l'Est. Dans sa partie méridionale, elle avoit plus de 10 lieues.

L'*Alphée* (1) étoit sa principale rivière ; il y en avoit beaucoup d'autres.

L'Alphée prenoit sa source dans la partie méridionale de l'Arcadie, & couloit en Elide de l'Est à l'Ouest. Il entouroit en quelque sorte la ville d'Olympie : on sait qu'il fut défendu aux femmes de passer ce fleuve pendant la célébration des Jeux

---

(1) Roféas.

Turquie d'Eur.   B

Olympiques, afin d'être fûr qu'elles n'y affifteroient pas, parce que les Athlètes combattoient nuds. Les Poètes avoient fait de l'Alphée un Dieu qui alloit, par-deffous la mer, joindre fes eaux à celles de la fontaine Aréthufe, en Sicile.

L'Elide devoit être fertile, à caufe du grand nombre de fes petites rivières : cependant les Auteurs ne parlent guères que de fes bois d'oliviers. On y recueilloit du lin, du chanvre, & de cette foie du levant qui vient dans les gouffes d'un arbriffeau, & que l'on file comme du coton.

Remarque. L'Elide eft encore aujourd'hui très-fertile : elle produit une grande quantité de bled.

L'Elide étoit divifée en trois parties dont les bornes ne nous ont pas été bien indiquées par les Auteurs : ce font la *Triphylie* au Sud, la *Pifatide* au milieu, & l'*Elide* propre au Nord.

Ses principales villes étoient :

OLYMPIE, fur l'*Alphée*, fi fameufe par les Jeux que l'on y célébroit tous les quatre ans, & fi digne de l'admiration des Grecs par la variété & la beauté de fes monumens.

PISE, fur la droite du fleuve. Il ne

DE LA TURQUIE D'EUROPE. 19

faut pas la confondre avec Olympie, comme l'ont fait quelques Auteurs. Elle fut détruite bien avant cette dernière ville.

ÉLIDE, ou Elis (1), au Nord, étoit proprement la capitale du pays. Ses Magistrats avoient le droit de présider aux Jeux olympiques. Elle étoit fort ornée de beaux bâtimens.

Après avoir eu des rois, dont douze seulement nous sont connus, les Éléens se gouvernèrent en république, & eurent part aux affaires de la Grèce. Étant entrés dans la *Ligue des Achéens*, ils furent soumis, comme eux, par les Romains, vers l'an 146 avant J. C.

DE L'ACHAÏE (2).

L'Achaïe occupoit une portion considérable de la partie septentrionale du Péloponèse. Elle n'avoit guères que 18 à 19 lieues de l'Ouest à l'Est, & que 5 à 6 du Sud au Nord. Sa forme n'étoit pas tout-à-fait régulière.

Ses bornes étoient, au Nord, le *golfe de Corinthe* ; à l'Est, la *Sicyonie* ; au Sud, l'*Arcadie* ; à l'Ouest, une partie de l'*Élide* & une partie de la mer *Ionienne*.

---

(1) Gastounie.
(2) Duché de Charence.

B ij

Le *Melas* & le *Crathis* étoient ses fleuves les plus considérables.

Le pays étoit montueux, & fournissoit d'assez bon vin, sur-tout dans sa partie méridionale.

Ses principales villes étoient :

DYME, qui, au tems d'Auguste, & par les ordres de ce prince, fut réunie au domaine de Patrée.

PATRÉE (1), la seule de toute l'Achaïe qu'Auguste laissa jouir de sa liberté avec le titre de Colonie Romaine.

EGIUM, dans laquelle se tenoient les Etats-Généraux de l'Achaïe.

On prétend que les Achéens avoient d'abord été établis dans la Laconie, dont ils furent obligés de se retirer à l'arrivée des Héraclides. Ils refluèrent vers le Nord, & forcèrent d'autres Grecs, connus sous le nom d'*Ioniens*, de quitter les bords du golfe de Corinthe pour passer dans la Grèce propre. Devenus ainsi maîtres de douze villes considérables, ils continuèrent quelque tems encore à avoir des rois ; puis chaque ville forma une espèce de république, & toutes ensemble elles se réunirent en une confédération qui influa d'abord bien peu sur les affaires générales de la Grèce. Ils ne commencèrent à s'en mêler que vers le tems de Philippe, père d'Alexandre. La ligue qu'ils formèrent ensuite, & qui porta leur nom, commença vers l'an 243 ou 242, & ne fut détruite qu'en 246. C'est dans cet intervalle qu'ils eurent à leur tête Aratus, puis Philopemen, que l'on a regardés comme les derniers

---

(1) Patras.

DE LA TURQUIE D'EUROPE. 21
des grands hommes de la Grèce. Toute la Grèce, lorsqu'elle eut été soumise par les Romains, reçut d'eux le nom d'*Achaïe*, à cause de la ligue qui paroissoit être alors la principale force des Grecs.

DE LA SICYONIE (1).

Ce pays, situé au Sud-Est de l'Achaïe, avoit environ 6 lieues du Sud au Nord, & moins de 4 de l'Ouest à l'Est.

Ses bornes étoient, au Nord, *le golfe de Corinthe*; à l'Est, *la Corinthie*; au Sud, une partie de *l'Arcadie*; & à l'Ouest, le territoire *de Pallène*, en Achaïe.

L'*Asopus* en étoit le fleuve le plus considérable : le pays étoit assez fertile.

Ses principales villes étoient :

SICYONE (2), qui avoit d'abord porté le nom d'Egialée : elle étoit peu éloignée de la mer.

PHLIUNTE étoit assez considérable, & se soutint long-tems dans un état puissant & libre.

Ce royaume avoit été fondé par Egialée, l'an 1773 avant Jesus-Christ. Il eut une longue suite de rois, qui ne sont pas tous connus, jusqu'à l'arrivée des Héraclides, en 1129. Des prêtres d'Apollon gouvernèrent ensuite le pays ; enfin, Alexandre, &, depuis lui, les Romains s'en emparèrent.

---

(1) Partie du Duché de Clarence.
(2) Basilico.

B iij

DE LA CORINTHIE.

Ce pays, moins étendu encore que le précédent, occupoit une partie de l'isthme de Corinthe, & n'avoit guères que 5 lieues du Sud au Nord, & autant de l'Ouest à l'Est.

Il avoit, au Nord, le *golfe*; à l'Est, l'*isthme*; au Sud, le *golfe Saronique*; & à l'Ouest, la *Sicyonie*.

Il n'y a point de fleuve considérable dans ce pays; il est d'ailleurs montueux & peu fertile.

CORINTHE (1) étoit une des plus florissantes villes de la Grèce. Le commerce de ses habitans avoit porté au plus haut degré leur richesse & leur puissance. Elle fut prise l'an 146 avant Jesus-Christ, par Mummius, général romain, qui la livra aux flammes, & ensuite rebâtie par Jules-César. Sa citadelle s'apelloit Acro-Corinthe, d'un mot qui signifie *Sommité*, *lieu élevé*.

LECHEUM au Nord, & CENCHRÉE au Sud, étoient les deux ports de cette ville, & lui procuroient une communication facile avec le reste de la Grèce.

---

(1) Corito.

Ce royaume, auquel on donne Sifyphe pour fondateur en 1376 avant Jefus-Chrift, paffa en 1099 au pouvoir des Héraclides. La famille des Bacchides y règna enfuite & y établit l'ariftocratie. En 656, Cypfèle ufurpa l'autorité : il eft toujours cité avec l'épithète de tyran de Corinthe, auffi bien que Périandre, fon fils, quoique ce dernier foit compté parmi les fept Sages de la Grèce. Corinthe fut érigée en république l'an 582 ; & foumife aux Romains en 146.

DE L'ARCADIE (1).

L'Arcadie eft de toutes les parties du Péloponèfe la plus curieufe à étudier, & celle que l'on connoît ordinairement le moins (2).

Elle avoit environ 17 lieues du Nord au Sud, & 12 de l'Oueft à l'Eft.

Ses bornes étoient, au Nord, l'*Achaïe* & la *Sicyonie* ; à l'Eft, l'*Argolide* ; au Sud, une partie de la *Laconie* & de la *Meffénie* ; à l'Oueft, l'*Elide*.

Ses principaux fleuves étoient :

L'*Alphée*, qui commençoit, comme on

---

(1) Arcadia.
(2) C'eft auffi la partie fur laquelle on a le plus de connoiffances, parce que Paufanias paroît s'être plu à décrire l'Arcadie ; & cette portion de fon Ouvrage peut être regardée comme fon chef-d'œuvre. Je compte en donner quelque jour une defcription très-détaillée, avec une carte où j'ai ajouté beaucoup de noms que M. d'Anville n'avoit pas jugé à propos de mettre dans fa carte de la Grèce.

B iv

l'a dit à l'article de l'Elide, vers le Sud-Eſt.

L'*Erymanthe*, qui couloit du Nord au Sud.

L'*Aoranius*, qui venoit du Nord-Eſt, & ſe joignoit à l'Erymanthe : ils ſe rendoient enſuite dans l'Alphée.

Ses principales montagnes étoient :

Le *Ménale*, fameux par ſes bergers.

L'*Erymanthe*, célèbre par la force prodigieuſe de ce prétendu ſanglier dont la mort eſt comptée au nombre des travaux d'Hercule.

Le *Lyceus*, conſacré à Jupiter, & ſur lequel on avoit élevé un temple à ce Dieu.

Ce pays, que l'on ne connoît guères que par les amours de ſes bergers & les excellentes qualités de ſes ânes, étoit montueux & très-fertile en pâturages.

On y nourriſſoit beaucoup de bétail, ce qui entretenoit dans les campagnes la richeſſe & l'abondance. La partie méridionale de l'Arcadie eſt encore aujourd'hui la plus agréable du Péloponèſe.

Les villes de l'Arcadie étoient en grand nombre. Les principales étoient :

MÉGALOPOLIS (1), ou la *Grande ville*, bâtie par Epaminondas, l'an 365 avant Jefus-Chrift, & deftinée à raffembler les forces des Arcadiens, & à leur fervir de rempart contre les entreprifes des Lacédémoniens, prefque toujours en armes contr'eux.

MANTINÉE (2), célèbre par deux batailles; la première, entre les Thébains & les Lacédémoniens : Epaminondas y perdit la vie en 363 ; la feconde, en 206. Les Lacédémoniens y furent également battus, leur tyran Machanidas y fut tué : les Arcadiens avoient à leur tête le fage & vaillant Philopemen.

TEGÉE (3), dont les habitans eurent toujours part aux expéditions les plus fameufes des Arcadiens.

HÉRÉE, à l'Oueft, avec un beau cours le long de l'Alphée, orné de platanes & de myrthes.

Lorfqu'Epaminondas eut donné le confeil de conftruire une ville confidérable, & que cette ville fut en effet bâtie, on y établit les habitans d'un affez grand nombre d'autres villes bien moins confidérables, ce qui dépeupla certains cantons où il ne refta que des ruines.

(1) Leondari.
(2) Tripolizza.
(3) Moklia.

Le premier roi que l'on connoiffe en ce pays eft nommé dans les Auteurs *Pélafgus* : fon règne n'eft pas fixé à une époque fûre. L'hiftoire de ce prince & celle de fes fucceffeurs n'eft pas connue. Le dernier eft Ariftocrate II, mis à mort par fes fujets pour avoir manqué de parole aux Mefféniens, auxquels il avoit promis du fecours. Ceci arriva plus de 600 ans avant J. C. Dès-lors les Arcadiens s'érigèrent en république. Ils furent long-tems, du moins on le foupçonne, affez paifibles dans l'intérieur de leur pays ; ce ne fut que vers la fin des beaux jours de la Grèce qu'on les trouve occupés des affaires générales des corps Helléniques.

En général, les Arcadiens ne s'occupoient que des travaux champêtres. Ils paffent pour avoir été les premiers des Grecs à faire des fromages, de l'huile, des étoffes de laine, &c. & à faire ufage du miel.

ARTICLE II.

DE LA GRÈCE PROPRE (1).

On appelle ici Grèce *propre*, tout le pays que les Grecs défignoient eux-mêmes par le nom de Grèce, & que les Latins avoient compris fous le nom d'Achaïe : c'étoit la partie la plus méridionale du continent.

Elle renfermoit, en commençant par le Sud-Eft,

---

(1) Grèce & Livadie.

L'*Attique*, la *Mégaride*, la *Béotie*, la *Phocide*, la *Doride*, la *Locride*, l'*Etolie*, & l'*Acarnanie*.

DE L'ATTIQUE.

L'Attique étoit un fort petit pays de forme triangulaire, ayant 16 lieues du Sud au Nord, & 9 seulement dans sa plus grande largeur.

Elle avoit, au Nord, la *Béotie* ; à l'Est & au Sud, la *Mer Egée* ; & à l'Ouest, le golfe *Saronique*.

Il n'y avoit point de fleuve considérable dans l'Attique : en général, le terroir y étoit sec & ingrat. Deux de ses montagnes ont été fort renommées par leurs productions ; savoir :

Le Mont *Hymète*, par son miel & son huile ;

Le Mont *Penthélique*, par ses marbres.

Les lieux les plus considérables de l'Attique étoient :

ATHÉNES (1), à environ une lieue & demie de la mer (2), ou plutôt du golfe

---

(1) Atheni, ou Athènes.
(2) A 3116 toises, qui faisoient 40 stades, de celles qui n'avoient que 76 toises de longueur.

Saronique. Elle fut pendant long-tems la première ville de la Grèce en puissance, & le sera toujours en gloire & en célébrité. Elle étoit infiniment ornée de superbes monumens de tout genre.

Le PYRÉE (1) étoit le plus considérable des ports d'Athènes, qui en avoit encore deux autres, *Phalères* & *Munichie*. Le Pyrée communiquoit avec la ville par une espèce d'avenue fermée de murailles.

ELEUSIS (2), un peu plus au Nord, étoit fameuse par les mystères de Cérès & de Proserpine qui s'y célébroient avec une grande magnificence.

MARATHON (3), à l'Est, vers la Mer Egée, ce lieu, peu considérable en soi, l'étoit devenu depuis la bataille qui porte son nom, & qui fut gagnée sur les Perses par les Athéniens, l'an 490 avant J. C.

Au Sud-Est, étoit le promontoire de *Sunium*, aujourd'hui cap *Coloni*.

Le royaume d'Athènes fut fondé par Cécrops, l'an 1582 avant Jesus-Christ. Cet état continua de se maintenir en royaume sous dix-sept rois jusqu'à Codrus, tué par les Doriens en 1095. Persuadé qu'ils ne pourroient jamais

---

(1) Porto-Leone.
(2) Lefsina.
(3) Maraton.

avoir un roi qui méritât de succéder à celui qui venoit de se dévouer pour eux, les Athéniens changèrent la forme de leur gouvernement. Ils s'érigèrent en république démocratique, gouvernées par des Magistrats nommés *Archontes*, c'est-à-dire, *Gouverneurs*.

Les Archontes, au nombre de dix, furent d'abord établis pour gérer tout le tems de leur vie : ce furent les Archontes *perpétuels*. Ils continuèrent depuis 1095 jusqu'en 754.

Ces Magistrats ne restèrent plus ensuite que dix ans en place ; ce furent les Archontes *decennaires* : ils finirent en 687. Il y eut ensuite un interrègne de trois ans.

Enfin, on réduisit leur magistrature à un an ; ce furent les Archontes *annuels* ; on les retrouve jusqu'en 293. Ceux qui succédèrent sont inconnus.

Le gouvernement d'Athènes, sous les Archontes annuels, avoit éprouvé un grand relâchement ; ils sentirent le besoin de réformer leur législation ; & vers l'an 624, Dracon leur donna des loix ; elles étoient dures ; & ce fut une expression reçue que de dire qu'elles étoient *écrites avec du sang*. Trente ans après, Solon donna des loix nouvelles. Elles paroissoient plus sages & plus accommodées au naturel des Athéniens. Mais, soit la force du caractère léger de ce peuple, soit manque de vues dans le législateur, sa réforme ne maintint pas le bon ordre pendant dix ans. De trois ambitieux qui troubloient l'état en aspirant au trône, Pisistrate l'emporta. Ses deux fils, Hippias & Hipparque, trouvèrent même le moyen de lui succéder. Mais l'amour de la liberté arma quelques Athéniens ; Hipparque fut tué, & Hippias chassé du trône en 508. Il fut intéresser les Perses en sa faveur. Darius, qui régnoit alors sur eux, saisit cette occasion de porter ses armes contre les Grecs ; mais ses troupes, au nombre de 110000 hommes, furent défaites à Marathon, par Miltiade, qui n'avoit que 10000 Athéniens. Les Athéniens continuèrent de vaincre les Perses, de concert avec leurs aliés, sous la conduite de Thémistocle & de plusieurs autres généraux célèbres.

Mais la jalousie qui régnoit entre eux & les Athéniens éclata ensuite, & eut des suites funestes pour Athènes. La guerre qui porta le nom de *guerre du Péloponèse*, & qui dura depuis 428 jusqu'en 400, les affoiblit au point que Lysandre, général Lacédémonien, établit trente tyrans dans la ville pour la gouverner. Trasybule les chassa, & Athènes recouvra son ancien lustre. Mais la puissance des rois de Macédoine lui porta des coups dont elle ne guérit jamais bien les atteintes. D'abord elle perdit en 338 la bataille de Chéronée. Le fameux Démosthène vivoit alors. Alexandre & ses successeurs, puis les Romains, sous Sylla, traitèrent fort mal cette ville; & quelque bien traitée qu'elle ait été dans cet intervalle, & qu'elle le fût depuis sous les Empereurs, elle n'eut plus de puissance, & ne conserva qu'une ombre de sa grandeur passée.

DE LA MÉGARIDE.

Ce pays n'avoit guères qu'une ou deux lieues d'étendue; il étoit resserré au Nord & à l'Est par l'*Attique* & la *Béotie*, & avoit au Sud-Est le golfe *Saronique*.

Le terrein y étoit uni & sec, n'ayant ni montagne ni fleuve considérable.

Ses deux villes principales étoient :

MÉGARE (1), qui avoit donné son nom au pays. Au tems de Pausanias, on y voyoit, entre autres monumens, un bel aqueduc & un tombeau fort ancien que l'on disoit être celui d'Alcmène, femme d'Amphitrion.

NYSÉE étoit sur les bords de la mer, & servoit de port à la ville.

---

(1) Megara.

DE LA TURQUIE D'EUROPE. 31

Les Mégariens avoient été peu de tems soumis au pouvoir des rois de leur pays. Placés entre des voisins, ils furent successivement victimes de l'ambition des uns & des autres. Ils furent d'abord soumis aux Athéniens; les Corinthiens les soumirent ensuite, & les maintinrent dans la dépendance; ensorte que les Mégariens vécurent presque toujours dans l'abaissement & la pauvreté.

DE LA BÉOTIE.

La Béotie étoit plus étendue que plusieurs des pays précédens : elle avoit environ 16 lieues du Nord-Ouest au Sud-Est, & 11 du Nord au Sud.

Ses bornes étoient, au Nord, une partie de la *Locride*; à l'Est, la *mer* & le *détroit de l'Euripe*; au Sud, l'*Attique*; & à l'Ouest, la *Phocide*.

Le *Cephissus* étoit son fleuve le plus considérable; il venoit de la Phocide & se rendoit dans le lac *Copaïs*, dont les débordemens avoient pendant long-tems causé de grands ravages.

Ses principales montagnes étoient :

L'*Hélicon* (1), la plus haute des montagnes de la Grèce, & consacré aux Muses, qui, selon les Poëtes, y faisoient leur demeure. Cette montagne a souvent été confondue avec le Parnasse, qui étoit dans la Phocide.

_____

(1) Zagoro-Vouni.

Le mont *Cithéron*, qui étoit au Sud-Est. C'étoit sur cette montagne que l'on avoit, disoit-on, exposé le jeune Œdipe, encore à la mamelle.

C'étoit à quelque distance de l'Hélicon qu'étoit la fontaine *Hippocrène*, aussi consacrée aux Muses.

La Béotie avoit de bons pâturages; mais l'air y étoit plus épais que dans le reste de la Grèce; on prétendoit que le génie de ses habitans se ressentoit de cette différence. Cependant la Béotie a produit de grands hommes dans plus d'un genre, tels que Plutarque, Pindare, Epaminondas, Pélopidas, &c.

Ses villes les plus considérables étoient:

THÉBES (1), regardée comme la capitale de la Béotie : elle est fort célèbre dans l'histoire par son origine, qu'elle devoit à Cadmus, prince venu de l'Orient, & que l'on a dit être fils d'Agenor, roi de Tyr; & par la guerre qu'elle eut à soutenir sous les descendans d'Œdipe : cette guerre se nomma *l'entreprise des sept preux* ou *des sept chefs devant Thèbes*. Pendant long-tems les Thébains vécurent en bonne

---

(1) Thiva.

intelligence

intelligence avec les Lacédémoniens; mais ayant reçu chez eux les exilés d'Athènes à la fin de la guerre du Péloponèse, ils devinrent ennemis irréconciliables.

Thèbes tomba au pouvoir des Lacédémoniens. Mais Pélopidas, qui avoit été banni avec plusieurs autres, trouva moyen de rentrer dans la ville, de massacrer les tyrans, & de rendre la liberté à sa patrie. Pélopidas & Epaminondas remportèrent ensuite les plus grands avantages sur les Lacédémoniens. Cette ville fut depuis, en 330 avant Jesus-Christ, détruite par Alexandre. Cassandre la fit rebâtir vingt ans après. Elle fut de nouveau détruite par Sylla en 85. César la fit rebâtir.

ORCHOMÈNE, au Nord, qui avoit été soumise avec ses environs à Phlégias, que l'on disoit être fils de Mars, père d'Ixion & roi des Lapithes. Les poëtes prétendent qu'ayant mis le feu au temple d'Apollon, il fut tué par ce dieu & précipité dans les enfers, & condamné à demeurer éternellement sous un grand rocher, qui, paroissant toujours prêt à tomber, lui causoit une frayeur continuelle. Cette ville étoit renommée pour ses excellens chevaux.

CHÉRONÉE, à l'Oueſt de la précédente. Elle devint célèbre par la bataille que Philippe remporta près de ſes murs ſur l'armée des Grecs, en 338.

LÉBADÉE (1), à l'Oueſt, près de la Phocide, fameuſe par l'antre & l'oracle du devin Trophonius.

LEUCTRE, au Sud, près de l'iſthme de Corinthe, & qui n'eſt guères connue que par la bataille que gagnèrent les Thébains ſur les Lacédémoniens, l'an 371 avant Jeſus-Chriſt.

PLATÉE, à l'Eſt de Leuctre, & non moins fameuſe que la précédente, par la défaite des Perſes, ayant à leur tête Mardonius : leur armée, de 300000 hommes, fut battue par celle des Grecs, quoique bien moins conſidérable, l'an 479.

AULIDE, tout-à-fait à l'Eſt, port ſur l'*Euripe*, en face de Chalcis d'Eubée. Ce fut dans ce lieu que les vaiſſeaux des Grecs, prêts à faire voile pour la guerre de Troye, furent retenus par des vents contraires. Ils n'en ſortirent, ajoute la fable, que par le ſacrifice d'Iphigénie.

---

(1) Livadie.

La Béotie n'a jamais fait un état particulier : plusieurs de ses villes se gouvernoient par elles-mêmes ; d'autres firent partie du royaume de Thèbes, qui eut, comme on l'a dit, Cadmus pour premier roi, en 1519. Xutus fut le dernier. Après lui, Thèbes fut érigée en république, & passa avec les autres états de la Grèce au pouvoir des Romains.

DE LA PHOCIDE.

La Phocide étoit un pays d'une forme très-inégale, & s'étendant beaucoup plus du Sud au Nord que de l'Est à l'Ouest.

Ses bornes étoient, au Nord, le *mont Œta*, qui la séparoit de la Thessalie ; à l'Est, les *Locriens épicnémidiens*, les *Locriens opuntiens* & la *Béotie* ; au Sud, le golfe de *Corinthe* ; à l'Ouest, les *Locriens ozoles* & la *Doride*.

Le *Céphissus* étoit le fleuve le plus considérable de la Phocide ; il couloit du Nord-Ouest au Sud-Est, à l'Orient du Parnasse.

Le *Parnasse*, que plus d'un poëte ont confondu avec l'*Hélicon*, étoit dans la partie Occidentale de la Phocide. Cette montagne étoit fameuse dans l'ancienne Mythologie Grecque, pour avoir été le séjour d'Apollon & des Muses.

Ce pays étoit fertile & nourrissoit beaucoup de bétail : il y croissoit du bled abondamment.

Ses principales villes étoient :

DELPHES (1), sur une montagne au Sud du Parnasse. Cette ville étoit fameuse par son Oracle d'Apollon, & par les richesses de son temple, qui fut pillé par des Gaulois, sous la conduite de Brennus, l'an 278 avant Jesus-Christ.

ELATÉE (1), au Nord-Est de Delphes, & à la gauche du *Céphissus*. C'étoit la plus grande ville de la Phocide. Quoiqu'elle eût été brûlée par les Perses, elle s'étoit relevée de ses cendres, & subsistoit encore avec éclat sous les Romains.

Deucalion passoit pour avoir été le premier roi de ce pays : le gouvernement devint ensuite oligarchique. Les Phocéens ayant pillé des terres consacrées à l'entretien du temple de Delphes, donnèrent lieu à une guerre que l'on appela *sacrée*, à cause du sujet qui l'avoit fait naître. Elle dura dix ans, & ne finit que l'an 348 avant J. C. Ce peuple ne joua qu'un rôle médiocre dans les affaires de la Grèce, & passa avec elle au pouvoir des Romains.

DE LA DORIDE.

La Doride n'étoit presque qu'un point au milieu des autres états de la Grèce. Les habitans de ce pays se prétendoient descendus de Dorus, fils d'Hellen, & petit-fils de Deucalion. Ils n'étoient qu'une très-

---

(1) Castri.
(2) Turco-Chorio.

foible partie des Grecs appelés *Doriens*, & qui parloient réellement une dialecte différente des Grecs nommés *Ioniens*.

Ce pays n'avoit pas de lieu considérable.

DE LA LOCRIDE.

Si, par le nom de Locride, on entend tout le pays habité par les Locriens, il ne faut pas borner ce nom au seul pays qui le portoit, & qui se trouvoit entre la Phocide & l'Etolie, ayant au Nord la Doride & le golfe de Corinthe au Sud. Il y avoit aussi des Locriens au Nord-Est de la Phocide.

Ces peuples étoient divisés en Locriens *ozoles*, qui habitoient le pays dont on vient de parler, en Locriens *épicnémidiens*, & en Locriens *opuntiens*. Il est quelquefois parlé dans les Auteurs des Locriens *épizéphiriens*; mais ils habitoient dans la grande Grèce au Sud de l'Italie.

1°. Les Locriens *ozoles*, ou *les puants*, étoient les plus nombreux. Leurs principales villes étoient :

AMPHISSA (1), dont le nom signifie *double coline*, & c'étoit en effet sa position; elle étoit dans la partie du Nord-Est.

___

(1) Salone.

NAUPACTE (1), sur le golfe de Corinthe, & servant de port à tout le pays. On disoit que c'étoit dans ce lieu que s'étoient embarqués les Héraclides pour passer sur les côtes du Péloponèse.

2°. Les Locriens *épicnémidiens* étoient au Nord-Est de la Phocide, au pied du mont Cnémis, dont ils habitoient les environs, & d'où leur nom s'étoit formé. On entroit dans leur pays, au Nord en venant de la Thessalie, par le fameux *passage des Termopyles* (2).

3°. Les Locriens *opuntiens* étoient au Sud-Est des précédens ; ils avoient pris leur nom de la ville d'OPUNCE, peu considérable, & située au milieu du pays.

En général, les Locriens étoient fort décriés par leurs mœurs qu'ils portoient jusqu'à la perversité la plus révoltante. Les plus honnêtes se permettoient d'avoir plusieurs femmes.

DE L'ÉTOLIE.

L'Etolie étoit à-peu-près aussi étendue que la Béotie ; mais elle étoit moins peuplée.

---

(1) Nauplia.
(2) Bucca di Lupo.

Ses bornes étoient, au Nord, une partie de la *Theſſalie* ; à l'Eſt, une très-petite partie de la *Theſſalie*, la *Doride*, & les *Locriens ozoles* ; au Sud, le *golfe* qui précède le détroit que l'on paſſe en entrant dans le golfe de Corinthe ; à l'Oueſt, l'*Achéloüs*, qui la ſéparoit de l'Acarnanie.

Ses principaux fleuves étoient :

L'*Achéloüs* (1), regardé par les Anciens comme un dieu qui avoit, diſoit-on, combattu contre Hercule.

L'*Evénus* (2), ſur les bords duquel on croyoit qu'Hercule avoit percé de flèches le centaure Neſſus, dans le moment que celui-ci lui enlevoit ſa femme Déjanire.

Le pays étoit aſſez fertile dans l'intérieur des terres ; mais vers la mer il étoit très-ſtérile.

Ses principales villes étoient :

THERMUS, au Nord, ville peu connue dans l'hiſtoire, mais dont le nom ſemble indiquer, par ſon étymologie, qu'il y avoit en ce lieu des bains d'eau chaude.

CALIDON, au Sud ſur l'*Evénus*, près de la mer, & très-connue dans la Mytho-

---

(1) Aſpro-potano.
(2) Fidari.

logie par la chasse du sanglier monstrueux que Diane avoit envoyé pour ravager les campagnes des environs de cette ville, afin de se venger de Méléagre, qui, à l'âge de 15 ans, avoit oublié de sacrifier à cette Déesse. Ce sanglier fut combattu par plusieurs princes Grecs, & tué par Méléagre, qui étoit à leur tête.

Les Etoliens avoient eu anciennement des rois : dans la suite, ils adoptèrent le gouvernement républicain. Tite-Live les traite de vains & d'ingrats ; quelques autres écrivains en font des pyrates : tous s'accordent à les donner pour de braves guerriers. Ayant voulu résister aux Romains, ils furent vaincus par Fulvius Nobilior.

DE L'ACARNANIE.

Ce pays de forme irrégulière, n'étoit pas fort étendu.

Borné au Sud-Ouest par la *mer*, il avoit au Nord le golfe d'*Ambracie* & une petite portion de l'*Epire* ; à l'Est, l'*Achéloüs*, qui la séparoit de l'Etolie.

On trouve peu de détails dans les Auteurs sur l'intérieur de ce pays.

On sait seulement que le fleuve *Achéloüs* formoit des marais à son embouchure ; l'intérieur des terres n'étoit pas très-fertile.

Ses principales villes étoient :

Argos *Amphilochicum* (1), qui fut pendant long-tems la première & la plus opulente ville des Acarnaniens.

Stratus, ou Strato, ville assez forte près de l'*Achéloüs*, à l'Est. Elle eut beaucoup de part aux guerres des Romains & de Persée.

Actium (2), au Nord-Ouest, devenue célèbre par la bataille qui porte son nom, & qui se donna au fond du petit golfe, où étoit située cette ville, entre Auguste & Antoine, le 2 Septembre de l'an 31 avant Jesus-Christ. Il y avoit un temple d'Apollon.

On ne connoît pas de rois de ce pays : on sait qu'il fut pendant long-tems gouverné par un magistrat supérieur, aidé, dans ses fonctions, des magistrats d'un ordre inférieur. Les Acarnaniens passoient pour fort habiles aux exercices du corps admis aux Jeux olympiques. Ils étoient aussi d'excellens frondeurs. Mais ce qui nous rend encore leur souvenir plus recommandable, c'est leur fidélité inviolable à observer les traités ; ils furent toujours très-attachés à leurs alliés les Macédoniens. Ils succombèrent comme ceux-ci, sous les efforts des Romains, & subirent le sort commun de toute la Grèce.

---

(1) Filoquia *canton*.

(2) Azio *lieu*.

Article III.

De la Thessalie.

Ce pays, situé au Nord de la Grèce propre, en étoit séparé par une chaîne de montagnes qui ne laissoit guères de passage que vers la mer, à l'Est, par le défilé appelé des *Termopyles*, ou *portes-chaudes*, à cause des sources trouvées dans ses environs.

La Thessalie avoit de l'Ouest à l'Est environ 24 lieues, & un peu plus du Sud au Nord.

Ses bornes étoient, au Nord, la *Macédoine* ; à l'Est, la *mer Egée* ; au Sud, la *Grèce propre* ; & à l'Ouest, l'*Epire*.

Ses principales montagnes étoient :

L'*Olympe*, au Nord, donnée par les poëtes, à cause de sa hauteur, pour le séjour des Dieux : ses racines s'étendoient, à l'Est, jusques vers la mer.

Le *Pinde*, à l'Ouest, près de l'Epire : cette montagne partageoit avec l'Hélicon & le Parnasse l'honneur d'avoir été la demeure des Muses & d'Apollon.

L'*Œta*, au Sud, près de la Doride, & sur lequel on disoit que s'étoit brûlé Hercule, pour s'arracher aux douleurs que lui causoit la robe du centaure Nessus, dont lui avoit fait présent Déjanire, après l'avoir reçue des mains de ce perfide Centaure.

L'*Ossa* & le *Pélion*, le long de la mer, depuis l'embouchure du Pénée jusqu'à la presqu'île de Magnésie : ces deux montagnes sont connues dans la fable du combat des Géans contre les Dieux.

Son principal fleuve étoit :

Le *Pénée* (1), qui commençant au Nord-Ouest, venoit se jeter à l'Est, au travers de la belle vallée de Tempé. Ce fleuve est souvent cité dans les poësies érotiques, & dans les romans de Bergerie (2).

Le pays abondoit en pâturages excellens & en herbes médicinales, d'où vinrent la

---

(1) Salampria.
(2) Malgré ma vénération pour la personne de M. d'Anville, & mon estime pour ses ouvrages, j'ai cru devoir adopter, sur ma carte, le cours du Pénée, tel qu'il est indiqué sur celle de M. le comte de Choiseul Gouffier; non-seulement elle se rapporte avec ce que Pokocke & quelques autres voyageurs en disent, & lui-même a examiné cet objet sur les lieux, mais sa carte me paroît conforme à un passage de Tite-Live qui parle du local en question. *L. XLIV, C. 6.*

grande quantité de troupeaux qui rempliſſoient les campagnes, & la réputation de magiciens qu'avoient obtenu les Theſſaliens, par les uſages variés des ſimples.

La Theſſalie étoit ſubdiviſée en pluſieurs petits pays dont on ne connoît pas au juſte les limites ; c'étoient l'*Eſtiotide*, la *Pélaſgiotide*, la *Theſſaliotide*, la *Pthytiotide* & la *Magnéſie*. Au Nord de l'Etolie, étoient les Dolopes.

Les principales villes étoient :

LARISSE (1), ſur le *Pénée*, à quelque diſtance de ſon embouchure : elle eſt célèbre par la naiſſance d'Achille.

PHARSALE (2), au Sud-Oueſt de Lariſſe, ville devenue célèbre par la bataille de ſon nom, donnée entre Céſar & Pompée, l'an 48 avant J. C.

MAGNÉSIE, à l'Eſt de la preſqu'île de ce nom, au fond d'une petite baye. Elle a donné ſon nom à une bataille navale, dans laquelle la flotte de Xercès fut défaite, l'an 480.

LAMIA vers le Sud-Oueſt de Magnéſie, à quelque diſtance du golfe LAMIAQUE,

---

(1) Lariſſa.
(2) Farſa.

ou *Maliaque*. Cette ville a donné son nom à une guerre que soutinrent les Grecs après la mort d'Alexandre.

On sait assez peu de chose sur l'histoire de la Thessalie. Les poëtes n'en ont presque raconté que des fables, & les Historiens n'en ont parlé que relativement à d'autres pays.

ARTICLE IV.

DE L'ÉPIRE ET DE L'ILLYRIE.

L'ÉTENDUE de l'Epire n'est pas bien déterminée vers le Nord.

Elle avoit la *mer* à l'Ouest; au Sud, le golfe d'*Ambracie*; à l'Est, une *chaîne de montagnes* qui la séparoit de la Thessalie.

Ses principaux fleuves étoient:

L'*Achéron*, qui prenant sa source dans l'intérieur du pays, vers Dodone, couloit du Nord au Sud, & se jetoit dans une petite baye appelée *marais Achérusien*, au Nord-Ouest du golfe d'*Ambracie*.

Les poëtes avoient fait de l'*Achéron* un fleuve des enfers.

L'*Arachtus* & l'*Avas* couloient dans le même sens, mais plus à l'Orient.

Ses principales villes étoient:

BUTHROTUM (1), à l'Ouest, en face de l'île de Corcyre, dont elle n'étoit séparée que par un détroit.

NICOPOLIS (2), ou *ville de la Victoire*, au Sud, sur la rive septentrionale du golfe d'*Ambracie*. Cette ville avoit été construite par Auguste dans le lieu où avoit été son camp lors de la bataille d'Actium, qu'il gagna sur Antoine, l'an 31 avant J. C.

L'Illyrie s'étendoit fort avant au Nord : elle étoit bornée à l'Ouest par la *mer*, & à l'Est par la *Macédoine*.

Ses principales villes, en commençant par le Nord, étoient :

EPIDAMNE (3), dont le nom a quelque chose de sinistre : il fut changé en celui de *Dirrhachium*.

APOLLONIE (4), au Sud de la précédente; elle fut renommée par ses écoles & par le goût de ses habitans pour la saine littérature grecque.

Les peuples qui habitoient cette côte conservèrent, pendant assez long-tems, des mœurs sauvages, & ne se civilisèrent que fort tard par le commerce des Grecs établis chez eux.

---

(1) Butrinto.
(2) Prevesa-Vecchia.
(3) Durazzo.
(4) Polina.

Article V.

De la Macédoine.

La Macédoine, moins considérable d'abord qu'elle ne le fut dans la suite, s'étendoit au tems de Philippe & d'Alexandre, depuis le 40ᵉ degré de latitude, jusqu'au 42ᵉ, ce qui fait environ 50 lieues : elle avoit à-peu-près autant de l'Ouest à l'Est.

Ses principales montagnes étoient :

Le *Scardus* & l'*Orbellus* ; la première, au Nord-Ouest ; la seconde, au Nord.

Ses principaux fleuves :

L'*Erigon* (1), qui venoit du Nord-Ouest, passoit à Edesse, à Pella, & se jetoit dans le golfe *Thermaïque*.

L'*Axius* (2), qui venoit du mont Scardus, & se rendoit avec l'*Erigon* dans une espèce de lac au Nord-Ouest de Pella.

Le *Strimon* (3), qui couloit du Nord au

---

(1) Erigon.
(2) Vardari.
(3) Strimona.

Sud, à l'Est des précédens, & qui étoit regardé comme appartenant à la Thrace avant que la Macédoine renfermât dans ses limites le pays qu'il arrosoit : il se jettoit au Sud d'Amphipolis, dans le golfe *Strimonique*.

L'*Haliacmon* (1), près de la Thessalie, dans la partie méridionale : il couloit de l'Ouest à l'Est, & se rendoit dans le golfe *Thermaïque*.

Les plaines de la Macédoine produisoient d'excellens fourrages ; les montagnes renfermoient des mines de fer, d'or, d'argent. On élevoit dans ce pays de fort beaux chevaux.

Remarque. On exploite encore aujourd'hui des mines de fer en Macédoine : celles d'argent sont peu abondantes, & celle d'or n'existe plus.

La Macédoine renfermoit plusieurs contrées distinguées par des noms différens : les principales étoient la *Piérie*, l'*Emathie*, la *Pélagonie*, la *Migdonie*, &c.

Les villes les plus considérables étoient : EDESSE (2), capitale, sur l'*Erigon*,

_____

(1) Ienicora.
(2) Edessa.

à quelque distance de son embouchure : c'étoit dans cette ville que les rois de Macédoine avoient leur sépulture.

Pella (1), au Sud-Est de la précédente, & presque toute entourée d'eau : elle est célèbre pour avoir été la demeure d'Alexandre.

Thessalonique (2), à l'Est de Pella, vers la Thrace, au fond d'un petit golfe : elle avoit autrefois porté le nom de *Therma*. Cette ville devint célèbre dans la suite.

Olynthe (3), au Sud-Est, dans la Chalcidique, au fond du petit golfe *Toronaïque*. Cette ville avoit été fondée par les habitans de Chalcis, en Eubée, & fut pendant long-tems au pouvoir des Athéniens.

La Macédoine n'avoit eu d'abord qu'une étendue médiocre, & pendant plus de quatre cens ans elle fut regardée par les Grecs comme un pays barbare. Elle avoit cependant acquis déjà un certain degré de puissance, lorsque Philippe, père d'Alexandre, monta sur le trône, l'an 360 avant J. C. Ce prince habile & ambitieux recula de beaucoup les limites de son royaume ; & son fils ajouta encore à ses conquêtes, jusqu'à ce qu'enfin il soumit toute la Grèce, puis l'empire des Perses en Asie & en Afrique.

---

(1) Palatissa.
(2) Saloniki.
(2) Aghiomama.

Turquie d'Eur. D

Ce royaume avoit été fondé par Caranus, l'an 807 avant J. C. Il subsista sous 41 rois jusqu'à Persée, qui fut vaincu & pris par les Romains en 168. Alexandre étoit monté sur le trône l'an 336 ; il mourut en 324 : son règne avoit été de douze ans & cinq mois.

L'an 148, le pays fut réduit en province Romaine.

ARTICLE VI.

DES ISLES DE LA GRÈCE.

AVANT de parler des Etats du Nord, je vais placer ici les principales îles de la Grèce, dont les unes étoient à l'*Ouest*, les autres au *Sud*, & le plus grand nombre à l'*Est*, entre la Grèce & l'Asie.

1°. *Isles situées à l'Ouest*, dans la mer Ionienne, en commençant par le Nord.

CORCYRE (1), qui a environ 12 lieues du Nord-Ouest au Sud-Est. Ses habitans s'étoient rendus recommandables par leur talent dans la navigation.

LEUCADE (2) n'étoit d'abord qu'une presqu'île que les Corinthiens détachèrent du continent, en coupant l'isthme qui l'y joignoit. Au Sud de l'île, étoit un temple

---

(1) Corfou.
(2) Leucadia.

DE LA TURQUIE D'EUROPE. 51
d'Apollon, situé sur un promontoire, long-tems fameux par la folie des amans malheureux qui le choisissoient de préférence pour se précipiter dans la mer.

CÉPHALLÉNIE (1), plus grande que Corcyre: il est probable qu'elle faisoit partie des états d'Ulisse, si toutefois ce prince a existé.

DULICHIUM (2), île longue & étroite, au Nord-Est de Céphallénie. Il paroît que c'est la même qu'Ithaque, où régnoit Ulysse, à moins que l'on ne croie retrouver cette dernière île dans un petit rocher qui est tout près, ce qui n'est guères probable.

ZACYNTHE (3), à l'Ouest de la partie septentrionale de l'Elide. On disoit qu'elle avoit pris son nom d'un fils de Dardanus.

Les STROPHADES (4), au Sud de Zacynthe. Leur nom grec, qui signifie *retour*, avoit donné lieu à différentes fables, entr'autres à celle des harpies, qui s'y étoient retirées, disoit-on, après avoir été chassées de la Bythinie.

---

(1) Cefalonia.
(2) Dulichio.
(3) Zante.
(4) Strivali.

2°. *Isles situées au Sud*, dans la mer Egée.

CYTHÉRE (1), au Sud de la presqu'île orientale que forme la Laconie. Elle fut long-tems célèbre par son temple de Vénus; c'est de son nom que les poëtes ont donné à cette déesse le nom de Cythérée.

CRÉTE (2), tout-à-fait au Sud. Cette île, la plus considérable de tout l'Archipel, a plus de 50 lieues de long. Elle n'est pas moins célèbre dans la Fable par les aventures de Dédale, du Minotaure, l'éducation de Jupiter sur le mont Ida, &c. que dans l'Histoire, par la puissance & la sagesse de Minos. Les mœurs de ses habitans furent dans la suite très-décriées.

Son terroir étoit fertile en grains, en fruits & en vignes. *Cnossus* & *Cydonie* étoient ses principales villes.

3°. *Isles situées à l'Est*, dans la mer Egée.

La plus grande partie de ces îles forment un grouppe, si l'on peut se servir de cette expression; & comme elles sont à-peu-près disposées en rond, les Grecs les nommè-

---

(1) Cetigo.
(2) Candie.

rent *Circulaires* ou *Cyclades*. L'île de *Délos* en étoit regardée comme le centre.

En remontant du Sud au Nord, on trouvoit :

Théra (1), au Nord de l'île de Crète, habitée par une colonie de Lacédémoniens.

Naxos (2), la plus fertile des îles de l'Archipel, étoit fameuse par les amours de Bacchus & d'Ariadne.

Paros (3) étoit célèbre par sa fertilité & par les guerres qu'elle occasionna entre les peuples qui se la disputèrent en différens tems.

Délos (4), la plus célèbre peut-être de l'antiquité dans l'opinion des Grecs, qui prétendoient qu'Apollon y avoit pris naissance ; elle avoit une recommandation plus réelle dans les richesses considérables du temple que l'on y avoit élevé à ce dieu. Par un respect extravagant pour Apollon & Diane, on avoit défendu d'y laisser accoucher les femmes, & d'y laisser mourir les malades & les vieillards.

---

(1) Santorin.
(2) Naxia.
(3) Paro.
(4) Sdili, (en y joignant Rhenea.)

MYCONE (1). Cette île fut pendant long-tems sujette à de grands tremblemens de terre. Son vin étoit estimé ; on y trouvoit beaucoup de chèvres. Le vin de Miconi est encore fort estimé.

TÉNOS (2) avoit porté le nom d'*Hydrusia* ou d'*Aqueuse*, à cause de ses belles fontaines.

ANDROS (3), dont le territoire étoit extrêmement fertile. Les Andriens furent de tous les Insulaires les premiers qui se joignirent aux Perses, dès que ceux-ci entreprirent d'attaquer la Grèce.

Les îles qui n'étoient point comprises dans les Cyclades, sont :

CÉOS (4), tout près de l'Attique, & renommée par la fertilité & la richesse de ses pâturages.

EUBÉE (5) à l'Est de la Béotie & de l'Attique. Cette île a au moins 32 lieues de long. Elle n'est séparée du continent que par un détroit si peu large au milieu, qu'une galère y passoit avec peine. Le flux

---

(1) Miconi.
(2) Tine.
(3) Andro.
(4) Zia.
(5) Negrepont.

& reflux s'y font fentir avec une force qui étonnoit les anciens : c'eft ce paffage qu'ils appeloient l'*Euripe*. Les principales villes de l'Eubée étoient *Chalcis* & *Erétrie* ; la première, fur l'Euripe ; la feconde, un peu au Sud-Eft.

SCYROS (1), à l'Eft de l'Eubée : on y trouvoit de fort beaux marbres. Ce fut dans cette île que Conon prétendit avoir trouvé le tombeau de Théfée, dans un moment où il crut cette erreur favorable à la tranquillité de fa patrie. Il fit rapporter folemnellement les os de ce prince, & les fit dépofer dans Athènes.

THASOS (2), tout-à-fait au Nord, près de la Thrace. Sa fertilité étoit paffée en proverbe, pour indiquer un pays qui fourniffoit toutes les chofes néceffaires à la vie. Son marbre étoit auffi fort eftimé.

CHAPITRE II.
DE LA THRACE.

LA Thrace s'étendoit depuis la Macédoine à l'Oueft, jufqu'à la mer Noire à

---

(1) Skiro.
(2) Thafo.

l'Eſt ; & du Sud au Nord, depuis la mer Egée & la Theſſalie, juſqu'aux frontières de la Mœſie. Il s'y trouvoit, entr'autres montagnes, le mont *Hæmus* & le mont *Athos*, qui s'avance dans la mer, & que Xerxès, dit-on, voulut faire ſéparer du continent, pour faire paſſer ſes vaiſſeaux en ſûreté le long de la côte.

Elle avoit, à-peu-près, 60 lieues du Sud au Nord, & plus que cela de l'Oueſt à l'Eſt.

D'ailleurs, ſes bornes ont varié, & elle a perdu de ſa partie Occidentale, à proportion de ce que lui en ont enlevé les rois de Macédoine.

Ses principales montagnes étoient :

Le *Rodoppe*, au Nord-Oueſt.

Le *mont Hæmus* (1), dans la partie Orientale.

Le mont *Athos* (2).

Ses principaux fleuves :

Le *Neſtus* (3) & l'*Hèbre* (4), qui couloient tous deux du Nord au Sud.

-----

(1) Tchengie, (ſelon M. Büching) ; Eminehdag, (ſelon M. d'Anville.)
(2) Monte Sanêto. Par les Grecs : Aghion Oros.
(3) Meſto.
(4) Maridza.

DE LA TURQUIE D'EUROPE.

Remarque. Ce pays paſſoit chez les Grecs pour très-froid, & ſes habitans pour des hommes très-féroces. Ses montagnes étoient couvertes de bois, & il n'étoit guères fertile que dans les plaines qui s'étendoient vers la mer.

Ses diviſions, qu'il importe peu de faire connoître ici, renfermoient pour villes principales :

PHILIPPOPOLIS, ou *ville de Philippe* (1), au Nord-Oueſt. On la nomma ainſi, parce qu'elle avoit été fondée, ou du moins conſidérablement augmentée, par le prince de ce nom, père d'Alexandre.

HADRIANOPOLIS (2), vers l'Eſt, ſur l'Hèbre. Son premier nom avoit été *Oreſtias*, que l'on croyoit lui avoir été donné par Oreſte, venu en ce lieu pour ſe purifier du meurtre de ſa mère Clitemneſtre. Cette étymologie eſt bien plus incertaine que celle du ſecond nom que cette ville tenoit de l'empereur Adrien.

PÉRINTHE, appelée depuis *Héraclée* (3), étoit ſur la Propontide : il en eſt parlé dans l'Hiſtoire grecque. La ville de Byſance fut ſoumiſe à ſa juriſdiction par l'empereur Sévère.

———————

(1) Philiba.
(2) Andrinople.
(3) Erekli *emplacement.*

C'étoit à l'Eſt de Périnthe que commençoit une muraille qui, tirant au Nord-Eſt, alloit joindre la Mer Noire, & renfermoit ainſi, en partie, la preſqu'île où ſe trouve Conſtantinople. Les Grecs la nommoient *Macron-tichos*, ou le long mur.

CONSTANTINOPLE, appelée d'abord BYSANCE (1). Cette ville, dont on donnera la ſituation préciſe à l'article de la Roum-ili, dans la Géographie Moderne, étoit à l'extrêmité de la Thrace, à l'entrée du Boſphore, qui communiquoit de la Propontide au Pont-Euxin, & ſervoit ainſi, comme le dit Ovide, d'une vaſte porte à deux mers.

Quelques Auteurs en ont attribué la fondation à une colonie de Mégaréens, ſous la conduite de Byzas. Mais les ſentimens ne s'accordent point à cet égard, comme à l'égard de ſa poſition. Auſſi a-t-on dit que le lieu où elle devoit être fondée avoit été indiquée par un oracle qui s'étoit ſervi de cette expreſſion obſcure, *en face de la ville des Aveugles*. On entendoit les habitans de Chalcédoine, en Aſie, & en face de Conſtantinople, auxquels on reprochoit ainſi de n'avoir pas choiſi la ſituation la plus avantageuſe. Elle eſt peu connue dans l'hiſtoire de l'ancienne Grèce. Elle eut beaucoup à ſouffrir de la part de Sévère, qui, pour la punir d'avoir reçu Niger, la prit après trois mois de ſiège, & la détruiſit en partie.

Lorſque, dégoûté de l'idolâtrie de la ville de Rome, Conſtantin réſolut de porter ailleurs le ſiège de l'Empire,

---

(1) Stamboul.

il avoit d'abord choisi l'emplacement de l'ancienne Troye ; mais charmé de la situation de Byſance, il réſolut de s'y fixer. Cette ville occupoit la pointe de terre qui ſe trouve entre la Propontide au Sud, & le golfe de Chryſocéras au Nord-Eſt. C'eſt à-peu-près l'emplacement du ſerrail actuel. Il y fit travailler dès l'an 326, après la victoire qu'il remporta ſur Licinius : l'an 330, il en fit ſolemnellement la dédicace, & la nomma la *nouvelle Rome*. Après ſa mort, elle prit le nom de ce prince, & fut appelée Conſtantinople. Il y fit bâtir une égliſe, conſacrée à la ſageſſe divine, ſous le nom de *Sainte-Sophie*, & peut-être commença-t-il les acqueducs, qui ne furent finis que ſous ſes ſucceſſeurs. Il y attira un grand nombre d'habitans, lui accorda de grands revenus, y établit un Sénat, des magiſtrats, &c. Ses ſucceſſeurs ajoutèrent de nouveaux édifices aux premiers, bâtis par Conſtantin. Les empereurs Léon, Anaſthaſe & Juſtinien l'ornèrent conſidérablement. Héraclius l'agrandit en comprenant dans ſon enceinte le fauxbourg, qui, au Nord, portoit le nom de *Blaquernes*; appelé ainſi du mot grec, qui ſignifie la *fougère*, parce qu'il y en avoit beaucoup en ce lieu. L'égliſe de Sainte-Sophie, bâtie par Conſtantin, ayant été détruite par un tremblement de terre, fut rebâtie avec plus de magnificence & de ſolidité par Juſtinien, qui rétablit & fonda beaucoup d'autres égliſes dont on peut voir le détail dans Procope. C'étoit dans les Blanquernes qu'étoit bâti le *Pentapyrgion*, ou palais de cinq tours, dont les empereurs s'étoient fait une maiſon de plaiſance. Il y avoit dans la ville une place pour les courſes des chevaux, & nommée par cette raiſon *Hippodrome*. Quoique cette ville eût eu beaucoup à ſouffrir des excès qu'y commirent les Latins lorſqu'ils la prirent d'aſſaut en 1203 & 1204, elle étoit encore fort riche & fort belle lorſqu'elle fut priſe par Mahomet II, en 1453. On parlera plus bas de ſon état actuel.

Le canal qui communiquoit de la mer Egée à la Propontide, étoit nommé par les Grecs *Helleſpont*, ou *Mer des Grecs*. Les

60 GÉOGRAPHIE ANCIENNE

Mythologues prétendoient que ce détroit avoit pris son nom de ce qu'Hellé, fuyant en Colchide avec son frère Phryxus, sur un mouton dont la toison devint ensuite si fameuse, sous le nom de *Toison-d'or*, qu'Hellé, dis-je, s'y étoit laissé tomber, & s'y étoit noyée; que de-là, s'étoit formé le nom de ce détroit.

La langue de terre ou péninsule qui se trouve au Nord de ce détroit, étoit appelée par les Grecs *Chersonèse de Thrace*. Elle fut pendant quelque tems le siège d'une souveraineté établie par Miltiade, riche Athénien.

Sur la côte méridionale de cette Chersonèse, étoient deux lieux entre autres, qui méritent d'être remarqués.

SESTOS (1), en face d'Abydos, sur la côte d'Asie: ces châteaux sont connus par les prétendus amours de Léandre & de Héro. On dit que pour avoir le bonheur de voir cette princesse, son amant passoit tous les soirs le détroit à la nage, & s'en retournoit tous les matins. Mais un jour il fut si maltraité par la tempête, qu'elle le trouva mort le matin sur le rivage.

---

(1) Zéménic.

Egos-Potamos, ou le *Fleuve de la Chèvre*, est célèbre à plus juste titre par la défaite des Athéniens, dont Lysandre, Général lacédémonien, détruisit la flotte, & les mit hors d'état de continuer la guerre si connue sous le nom de guerre du Péloponèse. Cet évènement est fixé à l'an 405 avant Jesus-Christ.

On sait peu de chose de l'histoire des Thraces : leurs mœurs ont été long-tems sauvages & féroces. Zamolxis, selon quelques-uns, disciple de Pythagore, mais, selon Hérodote, bien plus ancien que ce philosophe, passe pour avoir été l'un des premiers Législateurs qui les ait civilisés. Car ce que l'on dit d'Orphée peut être rejeté dans la classe des fables qui ne méritent qu'une bien foible croyance.

On ne connoît que quelques-uns de leurs rois.

CHAPITRE III.

Notions générales.

LES pays situés au Nord de la Macédoine & de la Thrace ne nous sont guères connus par les Ecrivains de la haute antiquité : leurs habitans n'étoient regardés par les Grecs que comme des barbares : ce ne fut que vers la fin de la République

Romaine, & sous les empereurs, que l'on en eut une connoissance un peu plus détaillée. Aussi les divisions de *Mœsie* & de *Dacie*, dont je vais parler, n'ont rapport qu'au tems des empereurs Romains. Mais avant d'entrer dans le détail géographique de ces provinces, détail que je ferai fort court, ne voulant y mettre que ce qu'il convient d'en savoir pour l'étude de l'Histoire en général, je vais donner un précis de ce que les Auteurs ont dit de toute cette étendue de pays.

Les anciens habitans de ces pays étoient divisés en *Daces* à l'Occident, & en *Gètes* à l'Orient & vers la mer Noire. Cette partie, habitée par les Gètes, & qui étoit resserrée entre l'*Ister*, remontant du Sud au Nord, & le Pont-Euxin, portoit le nom de *Scythie*, ou *petite Scythie*. Les Grecs & les Latins, accoutumés aux douceurs des pays chauds, ont fait des descriptions exagérées, en parlant de la nature du sol & de l'intempérie du climat de cette contrée. Cependant on convient encore que les froids y sont rigoureux. Le malheureux Ovide, qui y avoit été exilé par Auguste, pour une faute que l'Histoire ne nous a pas fait connoître, en parle d'une manière à nous en donner une idée très-désavantageuse. Peut-être ne sera-t-on pas fâché de retrouver ici quelques morceaux rapprochés de ses Elégies & de ses Tristes.

« Les Sarmates, dit-il, m'entourent.... Tant que l'air est
» tempéré, l'*Ister* nous sert de barrière. Mais lorsque le
» triste hiver nous montre ses traits difformes, & que
» la terre blanchie n'offre plus qu'une glace aussi dure
» que le marbre..... la neige couvre la terre ; le soleil ni
» les pluies ne la peuvent dissoudre, & Borée l'endurcit
» & la perpétue. La première n'est pas fondue, qu'une

» autre survient & subsiste deux ans dans le même lieu.
» L'Aquilon y souffle avec tant de force, qu'il trans-
» porte au loin les toits de nos habitations, & met les
» tours élevées au niveau du sol le plus uni. A peine
» peut-on marcher le visage découvert. Souvent les che-
» veux glacés rendent du son comme s'ils étoient de
» métal ; & la barbe, couverte de notre haleine gelée, a
» l'éclat & la blancheur d'un frimat glacé..... On marche
» où voguoient les navires ; le pied du cheval frappe
» l'onde que le froid rend immobile ; & par ces nouveaux
» ponts, sous lesquels les flots s'écoulent, les bœufs Sar-
» mates conduisent des charriots barbares..... J'ai marché
» sur les flots durcis, & l'onde ne s'est point élevée sous
» mes pieds humides. Si tu avois eu, Léandre, une
» telle mer à traverser, ta mort ne seroit pas le crime
» des eaux ».

On voit aussi par les écrits de ce Poëte, que les mœurs des Scythes étoient à-peu-près semblables à celles des petits Tartares de nos jours, qui profitent des tems de l'hiver, où les fleuves sont gelés, pour faire des courses sur le pays ennemi. Car il dit : « Dès que le souffle
» aride de l'Aquilon a rendu l'*Ister* immobile, un barbare
» ennemi, porté par un cheval rapide, qu'il fait conduire
» avec art, ravage les terres voisines, lançant au loin
» sa flèche légère. Tout fuit ; & dans les campagnes sans
» défense, les biens abandonnés deviennent la proie du
» barbare. Les troupeaux, les charriots, richesses des
» malheureux cultivateurs, tout disparoît. Les uns sont
» emmenés les bras liés derrière le dos, & regardant
» leurs cabanes pour la dernière fois. D'autres sont percés
» de flèches mortelles... La crainte de la guerre fait trem-
» bler ici, même pendant la paix..., Ou ces lieux voient
» l'ennemi, ou ils craignent celui que l'on n'y voit pas ».

Ovide cependant rend ailleurs graces aux Tomitains, chez lesquels il vivoit, des bons traitemens qu'il en éprouvoit. La ville de Tomi renfermoit une colonie de Grecs ; aussi leur dit-il : « O Tomitains, vous vous êtes
» attendris sur mon sort ; votre douceur prouve assez que
» vous êtes des Grecs.... Je vous aime, Tomitains ; mais
» j'abhorre votre pays. Je me plains du froid ; je me
» plains des incursions à craindre de toutes parts ; je me

» plains de ce que vos murs ne cessent d'être insultés, &c. ».

On ne sait rien de l'histoire de ces Gètes, ou du moins on n'a que quelques faits épars. On connoît parmi eux un Philosophe qui fut leur législateur : c'est Zamolxis. Cet homme extraordinaire s'étant retiré dans une solitude, n'y eut commerce qu'avec quelques personnes, & de-là, donnoit des conseils aux souverains, & des loix pour les peuples. Il enseignoit l'immortalité de l'ame, & promettoit aux braves qui mouroient en combattant, des récompenses dans une autre vie.

Aussi ces peuples furent-ils toujours très-redoutables à la guerre. On voit dans l'ancienne histoire des Perses que Darius, fils d'Histaspe, ayant entrepris de porter la guerre dans ce pays, fut sur le point d'y périr avec son armée. Lysimaque, un des successeurs d'Alexandre, s'engagea dans ce même pays en y faisant aussi la guerre, & fut fait prisonnier. Ce ne fut que lorsqu'eux-mêmes voulurent s'avancer pour ravager les terres qui se rapprochoient des possessions des Romains, qu'ils éprouvèrent des défaites. Ils furent souvent battus & repoussés au delà du Danube, regardé jusqu'alors comme une limite établie par la nature entre leur pays & les possessions Romaines. Les bornes de cet ouvrage ne me permettent pas de suivre ces différentes guerres : il suffira de dire que l'empire étant au pouvoir de Domitien, ce prince, battu par les Daces, acheta fort cher la paix qu'il fit avec eux. On fut en paix pendant le règne de Nerva. Trajan, voulant venger l'empire de la honte dont l'avoit couvert le traité fait par Domitien, porta les armes contre les Daces. Ce peuple, conduit par Décébale, fut vaincu ; mais la victoire coûta cher aux Romains. Les Barbares demandèrent la paix ; on ne put convenir des conditions. L'empereur continua de pénétrer au travers des forêts dont ce pays étoit rempli, s'empara de plusieurs passages fortifiés entre les montagnes ; il parvint à la capitale, nommée *Zarmizegethusa*. Décébale, contraint de faire la paix, accepta les conditions que lui imposa Trajan. Mais il y manqua bientôt. L'empereur recommença la guerre ; & pour s'assurer avec ce pays une communication facile, il fit bâtir sur l'*Ister* un pont dont je parlerai dans la suite. Une conquête très-vaste & la mort de Décébale furent

les

les suites des sages opérations de l'empereur Romain. Ainsi la Dacie fut réduite en province Romaine ; & la ville de Zarmize-gethusa prit le nom d'*Ulpia-Trajana*. Ce même empereur fit faire aussi, depuis l'*Ister* jusqu'au *Tyras* ou *Danaster*, une espèce de retranchement, dont on voit encore quelques restes ; savoir, en quelques endroits un fossé & un parapet. On le nomme *voie Trajane*. Il est probable que ce prince vouloit garantir la Dacie des incursions des Barbares.

Adrien, devenu empereur, & craignant que les Barbares ne se servissent du pont construit par Trajan pour entrer dans la Mœsie, le fit détruire. Il auroit dû penser que ce pont étoit infiniment utile aux Romains, tandis que les Barbares savoient bien s'en passer, dès que l'hiver avoit gelé les eaux du fleuve.

Les Romains eurent presque toujours la guerre de ce côté de leur empire. Aurélien, voyant qu'il ne pouvoit conserver le pays au delà de l'*Ister*, ravagea l'Illyrie & la Mœsie le long de ce fleuve, & transporta au centre de la Mœsie les colonies Romaines établies dans la Dacie. De-là, le nom de *Dacie Aurélienne*. On peut voir ce nom sur la Carte comparative (1).

DE LA MŒSIE (2).

La Mœsie, située entre la Macédoine & la Thrace au Sud, & le *Danube* au Nord, avoit le *Druinus* à l'Ouest, & le

---

(1) Afin de ne pas trop multiplier les Cartes, j'ai placé sur la première Carte, que j'appelle *comparative*, le peu de détails relatifs aux provinces qui vont suivre ; c'est-à-dire, ce qui concerne la *Mœsie*, la *Dacie*, & la *Chersonèse Taurique* : il y en a bien moins que dans la partie de la Grèce, & l'étendue de chacune d'elles me laissoit plus de place pour les villes.
(2) Servie & Bulgarie.

Pont-Euxin à l'Est. Une chaîne de montagnes qui s'avance du Sud au Nord, à l'Ouest de Sardique, & le petit fleuve *Cébrus*, la séparoient en Mœsie *supérieure* à l'Ouest, & en Mœsie *inférieure* à l'Est.

Lorsqu'Aurélien, ainsi que je l'ai dit précédemment, eut rappelé en deçà du Danube les colonies Romaines établies au delà de ce fleuve, on donna le nom de *Dacie Aurélienne* à une partie de l'une & l'autre Mœsie. Constantin détacha une partie de la Mœsie qui étoit vers la mer; & cette petite province eut le nom de *Scythie Pontique*.

Tout ce pays étoit très-coupé de bois & de montagnes.

Ses principaux fleuves étoient le *Druinus* & l'*Ister*, ou *Danube*, dont j'ai déja parlé.

Ses villes principales étoient, dans la Mœsie supérieure :

SINGIDUNUM (1), au Nord-Ouest, au confluent du *Druinus* & du *Danube*.

Si, de cette ville, on suit le cours du Danube, dans un endroit où il tourne vers le Sud, sous le 40ᵉ deg. de longitude, &

―――――――――――――――――――

(1) Belgrade.

DE LA TURQUIE D'EUROPE. 67

le 25ᵉ de latitude, ou du moins très-près, on trouve l'emplacement du pont conftruit par Trajan pour entrer de la Mœfie dans la Dacie.

Naïssus (1), au Sud-Eft de Singidunum, fur le *Margus*. Cette ville eft remarquable pour avoir donné naiffance à Conftantin le Grand.

Ulpianum, au Sud, eft la patrie de Juftin, oncle de Juftinien.

Dans la Mœfie inférieure :

Sardique, fut la métropole de cette partie de la Mœfie, lorfqu'elle eut le nom de *Dacie méditerranée*. Ce fut une ville confidérable lorfqu'elle eut été augmentée par Trajan. Les Bulgares en firent dans la fuite la capitale de leur état.

Lorfque le pays dont je parle porta le nom d'*Illyrie orientale*, Sardique en étoit la métropole, comme Sirmium l'étoit de l'*Illyrie occidentale*.

Taurésium (2), au Sud, prit le nom de *Juftiniana prima* : elle devint confidérable fous & depuis le règne de Juftinien, auquel elle avoit donné naiffance.

---

(1) Niffa.
(2) Dgenftindil.

NICOPOLIS (1), au Nord sur le *Danube*, fut construite par Trajan, pour perpétuer le souvenir des victoires qu'il avoit remportées sur les Barbares (2).

TOMI (3), sur le bord du Pont-Euxin, fut illustrée par l'exil & les beaux vers du malheureux Ovide.

CHAPITRE IV.

DE LA DACIE-TRAJANE (4).

CE pays, situé au Nord du Danube, a pris dans les Auteurs modernes le nom de *Dacie-Trajane*, parce qu'il fut ajouté par cet empereur aux autres provinces de l'empire.

Ses principaux fleuves, outre le *Danube*, étoient l'*Aluta* (5) & l'*Ararus* (6), qui venoient s'y rendre ; le premier, près de

---

(1) Nicopoli.
(2) C'est le sens que porte avec lui son nom : il signifie en grec *ville de la victoire*.
(3) Tomeswar, ou Baba.
(4) Valakie, Moldavie & Bessarabie.
(5) Olt, ou Aluta.
(6) Siret.

DE LA TURQUIE D'EUROPE. 69
Nicopolis; le second, à l'Ouest de Trosmi, ville de la Mœsie sur le Danube.

C'étoit sur le mont *Cocajon*, entre les 46 & 47ᵉ deg. de latitude, & presque sous le 44ᵉ de longitude, qu'étoit la demeure du grand pontife des Gètes. M. d'Anville, qui a traité très-savamment ce point d'histoire dans un Mémoire particulier, dit que le respect porté à ce pontife étoit une suite de l'apothéose de Zalmoxis. On croyoit ses successeurs remplis, comme lui, d'un esprit émané de la divinité. Ce pontife gouvernoit le pays, comme le Dalaï Lama dans le Tibet, & portoit le nom de Dieu.

J'ai parlé précédemment du pont que Trajan avoit fait construire sur le Danube pour faciliter aux troupes l'entrée dans ce pays : on peut voir la position sur la Carte comparative, presque au point de section des 45ᵉ degré de latitude, & 40ᵉ de longitude. Ce pont, qui étoit de bois, avoit vingt arches, & de longueur 515 ou 520 toises; ce qui fait sept fois la longueur du *Pont-Royal* de Paris.

Les villes principales étoient :

ZARMIZEGETHUSA (1), séjour du roi Décébale, qui fit la guerre avec beaucoup d'opiniâtreté contre Trajan : elle pouvoit alors passer pour la capitale. Sa situation entre des montagnes la rendoit fort importante pour la défense du pays. Trajan lui donna le nom d'*Ulpia-Trajana*.

APULUM (2), au Nord-Est, étoit assez considérable. Elle fut habitée par une

---

(1) Des ruines appelées *Varel* & *Gradisca*.
(2) Alba-Julia.

colonie Romaine. Le *Marifus*, qui venant du Nord-Eſt, alloit ſe jeter à l'Oueſt, dans le *Tibuſcus*, couloit dans les foſſés de cette ville.

ZERNÉS (1), vers le Sud-Oueſt d'Ulpia-Trajana, étoit tout près de l'endroit où Trajan avoit conſtruit le pont dont je viens de parler.

IASSIORUM MUNICIPIUM (2), ou la ville municipale des Iaſſis, étoit vers le Nord-Eſt d'Ulpia-Trajana, & peu éloignée de la droite du *Porata*, ou *Pyrhetus*, qui reçoit la petite rivière dont cette ville eſt arroſée.

A l'occaſion de pluſieurs noms de villes que je n'ai pas cru devoir nommer ici, telles que *Petto dava*, *Suſi-dava*, M. d'Anville obſerve que cette finale *dava* ſemble avoir rapport au nom de *Dave*, que portoit chez les Romains des eſclaves tirés de la Dacie. Mais M. de Kéralio, qui joint à beaucoup de connoiſſances une étude particulière du génie & du matériel d'un fort grand nombre de langues anciennes & modernes, remarque que cette terminaiſon eſt très-commune dans la langue Celtique, ſi généralement répandue autrefois par toute l'Europe, & qu'elle emporte avec elle l'idée de *propriété*, de *poſſeſſion*, d'*habitation*. Ainſi, *Suſi-dava* ſignifie, ſelon lui, *habitation* dans un lieu *tempéré* ; & *Sem-dava*, *habitation ſabloneuſe* (3), &c.

---

(1) Tchernez.

(2) Taſſi.

(3) Hiſtoire de la dernière guerre entre les Ruſſes & les Turcs. Tome I, pag. 36.

Dans ce sens, le nom de *Dave*, dont se servent Térence & Plaute, qui écrivoient au tems de la république, ne s'entendroit pas d'un esclave venu de la Dacie, mais auroit désigné primitivement *l'homme au pouvoir d'un autre*, celui qui faisoit partie de sa possession. Au reste, je ne donne ceci que comme une conjecture.

ARTICLE V.

DES IAZIGES, DE LA CHERSONÉSE, ET DE LA SARMATIE (1).

I.

Les Iaziges étoient inconnus dans la haute antiquité. Il est à présumer qu'ils ressembloient fort aux Tartares les moins civilisés. Ils ne furent guères connus que sous les empereurs Romains. C'est dans leur pays que se trouvent les fleuves *Thyras*, ou *Danaster* (2) ; *Hypanis*, ou *Bogus* (3) ; & *Borysthenès*, ou *Danapris* (4).

---

(1) Petits Tartares, Crimée & terre-ferme de la petite Tartarie.

(2) Le Dniester.

(3) Le Bog.

(4) Le Dnieper ; en turc, Ozou.

I I.

La Cherfonèfe Taurique paroît avoir été habitée d'affez bonne heure par des colonies grecques. Sa forme eft triangulaire ; elle ne tient au continent que par un ifthme fort étroit. Je ne nommerai que les objets qu'il importe le plus d'y connoître.

A l'Oueft , étoit le promontoire *Parthenium* (1).

Au Sud , le promontoire *Crius-metopon* (2).

A l'Éft , eft un détroit fort peu large, que les anciens nommoient *Bofphore Cimmérien*.

Les villes les plus confidérables de cette prefqu'île étoient :

---

(1) M. de Peyffonel, dans fes *Obfervations géographiques*, penfe que Ptolémée avoit mal-à-propos indiqué le promontoire *Parthenium* où l'a depuis indiqué M. d'Anville, puifque , dit-il , il n'y a fur la côte ni montagne ni colline qui puiffe être appelé promontoire : en conféquence il le place plus au Sud, à l'extrêmité d'une pointe, où dans la Carte de M. d'Anville on lit *Holmitis Taurica*, & que les Turcs nomment *Felek-Bournou* , c'eft-à-dire , *nez*, ou *le cap du ciel* : il s'appuie du fentiment de Pline. J'ai cru faire affez , fur cet objet , que d'obferver la différence de ces deux opinions.

(2) Aïa.

DE LA TURQUIE D'EUROPE. 73

TAPHRÆ (1), au Nord, sur l'isthme : elle avoit pris son nom du mot grec Ταφρος (*Taphros*), *un fossé*, parce qu'en effet il y en avoit un en ce lieu pour défendre l'entrée de la presqu'île.

CHERSONÉ (2) étoit vers le Sud-Ouest, au fond d'un petit golfe. A peu de distance, étoient deux étangs, d'où, selon Porphyrogénète, les Chersonèsites retiroient du sel.

THEODOSIA (3), à l'Est, mais en deçà de l'entrée du détroit. Cette ville, sous les empereurs Grecs, avoit le titre d'Evêché.

La Chersonèse avoit été d'abord habitée par des Cimmériens qui furent ensuite chassés par des Scytes appelés *Tauri* : de-là, le nom de *Taurique* à cette presqu'île. Les Grecs prétendoient que Diane, après avoir dérobé Iphigénie au couteau de Chalcas, prêt à l'immoler à Aulis, l'avoit transportée en ce pays, où elle fut long-tems sa prêtresse. La fable ajoutoit que son frère Oreste l'ayant reconnue chez Thoas, roi de ce pays, l'avoit ramenée avec lui en Grèce. Ce pays fit partie d'un petit royaume, connu sous le nom de *royaume de Bosphore*, dans les derniers tems de la République Romaine.

---

(1) Pérécop.
(2) Gueuz-levé.
(3) Caffa.

III.

La Sarmatie s'étendoit en Asie & en Europe. La partie qui répond à ce que l'on trouve sur la Carte ci-jointe, comme appartenant à la petite Tartarie, étoit habitée par les *Roxolans*, sur lesquels on a bien peu de détails, & que l'on croit avoir donné leur nom aux Russes. Il en sera parlé ailleurs.

ANALYSE
HISTORIQUE ET CHRONOLOGIQUE,

Depuis l'origine des Grecs, jusques & compris la conquête de ce pays par les Turcs.

CHAPITRE PREMIER.

Depuis les commencemens de la Grèce, jusqu'au tems d'Auguste, reconnu Empereur 27 ans avant l'ère vulgaire.

L'ORIGINE des Grecs est perdue dans l'obscurité des tems ; les commencemens même de leur histoire sont étrangement défigurés, par les fables de leurs Poëtes & de leurs Mythologues. Les écrivains les plus judicieux nous assurent que les premiers Grecs menoient une vie errante & sauvage. Tel a dû être le premier état des peuples dans la suite les plus policés.

Des colonies d'Egyptiens & de Phéniciens étant venues s'établir en Grèce, y portèrent les premiers élémens des Arts, des Sciences & des Lettres, qui, dans les beaux jours de cette contrée, y acquirent le plus haut degré de perfection.

Les royaumes d'Argos, d'Athènes, & de Thèbes, fondés par ces étrangers, avoient encore une forme bien imparfaite, lorsque les trois fils d'Hélène, fils de Deucalion, roi de Thessalie, furent reconnus chefs des principaux établissemens des Grecs.

Eolus & ses descendans habitèrent la Thessalie, la Locride, la Béotie, & une partie du Péloponèse.

Dorus, donna son nom à la Doride, & à cette branche considérable de Grecs, qui furent appelés *Doriens*.

Xutus, retiré dans l'Attique, fut père d'Achéus, & d'Ion. De ce dernier, sortirent les *Ioniens*, qui se regardèrent toujours comme séparés des Doriens, & furent, en général, les plus répandus & les plus civilisés des Grecs. D'Achéus, sortirent les Achéens qui peuplèrent l'Achaïe, contrée, comme on l'a vu, dans la presqu'isle méridionale de la Grèce, à laquelle on donnoit alors le nom d'*Apia*. Les Ioniens, trop resserrés dans l'Attique, passèrent dans la contrée où étoient les Achéens, & y bâtirent douze villes.

Cependant Pélops, prince Asiatique, étoit passé de la Phrygie dans le Péloponèse : ayant obtenu de succéder à Œnomaüs, roi d'Elide, dont il avoit épousé la fille, il donna à l'Apia, le nom de Péloponèse. Cet évènement est fixé à l'an 1320 avant J. C. Ses fils, Atrée & Thyeste, sont célèbres dans l'histoire Greque par leur haine & leur férocité. Atrée fut père d'Agamemnon, roi de Mycènes, & de Ménélas, roi de Sparte. Hélène, femme de ce dernier, enlevée par Pâris, fils de Priam, roi de Troye, donna lieu au fameux armement des Grecs, qui, résolus de tirer vengeance de cet affront, ou peut-être de renverser une puissance dont ils étoient jaloux, passèrent en Asie, & prirent Troye après un siège de dix ans, l'an 1209, avant Jesus-Christ.

Environ quatre-vingts ans après, c'est-à-dire, vers l'an 1129, des guerriers qui se disoient descendus d'Hercule, héros fameux chez les Grecs, mais que nos meilleurs critiques regardent comme un être imaginaire, s'étant ligués d'intérêt avec les Doriens, entrèrent à main armée dans le Péloponèſe, d'où ils chaſſèrent les deſcendans de Pélops & ceux des Ioniens qui qui s'y étoient établis.

Cette irruption eſt la cauſe & l'époque des premières émigrations des Grecs dans les pays étrangers. Avec le tems, ils s'établirent dans les iſles de la mer Egée, ſur les côtes de l'Aſie, en Italie, & en Sicile.

Je ne rapporterai point ici le commencement ni la fin des différens royaumes de la Grèce : il en a été parlé à chacun de leurs articles. Je ne puis guère que jeter un coup-d'œil rapide ſur la chaîne des principaux évènemens. On remarquera ſeulement que, depuis l'invaſion des Héraclides, les Lacédémoniens continuèrent d'avoir à la fois deux rois ſur le trône, deſcendus de deux branches différentes, mais qui reconnoiſſoient Tyſamène pour leur chef commun : ces deux familles portèrent les noms d'*Agides* & d'*Euripontides*, appelés d'abord Proclides, d'après Proclès, fils de Tyſamène.

Ce fut environ 245 ans depuis le retour des Héraclides, & 884 ans avant J. C., que Lycurgue, contemporain d'Homère, & gouvernant à Lacédémone pendant la minorité de son neveu Carilaüs ou Carilas (1), rétablit les célèbres Jeux Olympiques, conjointement avec Iphitus, alors roi d'Elide. Ces Jeux passoient pour avoir été fondés originairement par Hercule. Il est bon d'observer en passant, que l'on ne commença à s'en servir pour les époques de la Chronologie Grecque, que 108 ans après le rétablissement dont je viens de parler, ce qui donne l'année 776 avant Jesus-Christ. On sait que Lycurgue, trouvant Lacédémone dans la confusion & les Loix sans activité, y fit recevoir des Loix nouvelles. Elles portoient en elles-mêmes le germe d'un vice qui devoit un jour entraîner leur ruine, puisqu'elles contrarioient la nature dans une infinité de cas ; cependant, l'enthousiasme avec lequel elles furent d'abord observées, les fit subsister long-tems ; & fit, pendant ce tems, du peuple Lacédémonien un peuple de héros.

Ces héros, il est vrai, étoient farou-

---

(1) Son véritable nom grec est *Charilaos*, c'est-à-dire, *cher & agréable au peuple*, parce que son père mourut avant les couches de sa mère, & que l'on eut occasion de craindre pour sa vie.

ches & féroces. Vainqueurs de Hélos, ville peu éloignée de Sparte, ils ne rougirent pas de la ruiner de fond en comble, & d'en réduire tous les habitans au plus dur esclavage ; acharnés à la perte des Messéniens, après trois guerres longues & sanglantes, ils ne se montrèrent pas plus humains qu'à l'égard des Hélotes. Ceux des Messéniens qui échappèrent à l'esclavage, furent obligés d'abandonner absolument leur pays : un assez grand nombre alla s'établir à Zancle, en Sicile. Il ne faut pas dissimuler cependant que dans d'autres occasions les Lacédémoniens donnèrent de grands exemples de générosité & de dévouement au salut de la Grèce.

Ils furent à cet égard merveilleusement secondés par les Athéniens. La conduite des Grecs avoit attiré les armes des Perses. En 496, Darius, armé déjà contre les Grecs d'Asie, avoit envoyé de nombreuses troupes en Grèce. Mais son armée, composée de cent mille hommes d'infanterie & de dix mille chevaux, commandés par Datys, fut battue en 490, à Marathon, par les Athéniens, au nombre seulement de dix mille, commandés par Miltiade.

Xerxès, fils & successeur de Darius, crut

crut pouvoir réparer cet affront. Il parut en Europe avec une armée de terre prodigieuse. Quelques Auteurs difent onze cens, d'autres, dix-fept cens mille hommes : il avoit pour la foutenir une flotte de douze cens voiles ; en venant par la Macédoine & la Theffalie, il étoit obligé, pour entrer en Grèce, de défiler par le paffage des Thermopyles. Léonidas (en 480), roi de Lacédémone, s'y plaça avec 300 Spartiates & quelques alliés. Son courage & celui de fes gens fuppléant au nombre, ils tuèrent vingt mille Perfes avant de pouvoir être forcés. Un feul Spartiate, échappé au fer de l'ennemi, fe retira dans fa patrie, où l'opprobre dont on le couvrit, fut un reproche public d'avoir eu la lâcheté de furvivre à fes concitoyens.

Xerxès entra dans Athènes, qu'il trouva prefque vuide. Les habitans, par le fage confeil de Thémiftocle, l'un des plus grands hommes de la Grèce, s'étoient retirés fur leur flotte. Ils défirent celle des Perfes, près de l'ifle de Salamine. Xerxès, effrayé, repaffa en Afie, laiffant en Grèce Mardonius avec une armée de trois cens mille hommes. Ce général, auffi malheureux que fon maître, fut défait en 479, à la bataille de Platée, par Pausanias, roi de Lacédémone, & par Aristide, général des Athéniens. Le jour même de cette bataille, les Grecs d'Asie défirent la flotte des Perses près du Promontoire de Mycale, en face de l'isle de Samos.

Mais l'ambition ne tarda pas à flétrir les lauriers dont s'étoient couronnées Athènes & Sparte dans la défense commune de la nation grecque. Elles avoient conservé la liberté à la Grèce ; elles aspirèrent ensuite à lui commander. Rivales en puissance, chacune crut pouvoir l'emporter par la force des armes. Leurs guerres furent longues, les succès en furent d'abord très-variés. Mais la haine éclata avec plus de fureur & plus de suite dans la guerre qui partagea presque toute la Grèce, & que l'on connoît dans l'histoire par le nom de guerre du Péloponèse. Elle commença en 431, & dura près de vingt-huit ans. Le détail des évènemens qu'elle offre, n'est pas de mon objet. Elle finit en 404, par la prise d'Athènes, dont Lysandre se rendit maître à la tête des Lacédémoniens. Les Athéniens, peuple spirituel, mais inconséquent & léger, avoient eux-mêmes accéléré leur ruine, en entreprenant pendant cet intervalle, c'est-à-dire, en 416, une guerre en Sicile qui devoit nécessairement les affoiblir & qui leur devint entiérement funeste. Cette guerre qui les épuisoit d'hommes, avoit été mal concertée. Enfin, après avoir déjà perdu beaucoup de monde par les combats & les maladies, deux batailles consécutives en 415, leur enlevèrent quarante mille hommes & tous leurs généraux.

Cependant les Lacédémoniens avoient fait un abus étrange de leurs succès. Ils avoient détruit les belles fortifications du Pyrée, avoient établi dans Athènes trente magistrats qui se conduisoient comme autant de tyrans. Ils indignoient la Grèce ; mais ils s'en faisoient admirer par de nouveaux succès contre le roi de Perse. Ce prince employa contre eux leurs propres avantages & son argent. Il fit passer de l'argent en Grèce, & y mit les peuples en état de se livrer à leur ressentiment contre Sparte. Les Athéniens, plus maltraités que les autres, se mirent à la tête des mécontens ; ils obtinrent bientôt quelques succès ; jusqu'à ce que Conon, commandant la flotte des Perses, en 394, remporta une grande victoire contre les Lacédémoniens,

F ij

& rebâtit les murs du Pyrée. En 390, Thymbron, général de Sparte, fut tué dans un combat contre les Perses : & Antalcidas fit en 387 une paix honteuse, & qui porte encore son nom. Les Athéniens continuèrent à faire différentes guerres qui eurent des succès très-variés.

Sparte trouva de plus, dans les Thébains, des ennemis devenus bien redoutables, sous la conduite d'Epaminondas qui battit les Lacédémoniens près de Leuctres, en 371. Poursuivant le cours de ses victoires, il rebâtit la ville de Messène, & réunit toutes les forces de l'Arcadie dans une ville nouvelle, bâtie par son conseil, & que son étendue fit appeler *Mégalopolis*, ou la Grande Ville. Il se présenta même sous les murs de Sparte, & toucha au moment de renverser cette ville, assez fière pour n'avoir jamais voulu d'autres fortifications que le courage de ses habitans. Mais enfin, ce grand homme fut tué en 363 dans une des batailles qui portent le nom de Mantinée.

Pendant que ces guerres ravageoient le Péloponèse, il s'élevoit, au Nord de la Grèce & hors de ses limites actuelles, une puissance qui devoit un jour la maîtrifer. Il arriva plus encore ; car s'étant incorporée avec elle, elle étendit au loin fes conquêtes & fa gloire.

Philippe, élevé à Thèbes dans la maifon d'Epaminondas, s'étoit fait en 359 reconnoître roi de Macédoine. Ses armes s'exercèrent d'abord contre les Illyriens, & les Thraces ; fa politique fecondant fa valeur, il parvint à foumettre toute la Grèce. S'étant fait d'abord admettre au nombre des Amphictions, qui compofoient le Conseil Souverain des affaires de la Grèce, il défit les Athéniens en 338, à la bataille de Chéronée, & fe trouvoit en état de tout entreprendre contre les Grecs, lorfqu'il fut affaffiné au milieu de fa Cour, en 336.

Son fils Alexandre, que l'on a depuis furnommé le *Grand*, lui fuccéda & reprit fes projets. Reconnu en 335 généraliffime des Grecs, excepté cependant par les Lacédémoniens, qui lui refufèrent des troupes ; il paffa en Afie, l'an 334, y gagna fucceffivement les batailles du Granique, d'Iffus, & d'Arbelles ; y foumit tout le pays, depuis la Phrygie, par où il entra, jufqu'à la Syrie, & l'Egypte au Sud ; jufqu'à la Perfe, la Gédrofie, & une partie de l'Inde à l'Eſt; juſqu'à la Médie, la Bactriane, &c. au Nord. Fier de tant de conquêtes, il en triompha dans Babylone, & mourut d'excès de boiſſon dans les débauches qui accompagnèrent cette fête.

Le vaſte Empire d'Alexandre fut bientôt en proie à l'ambition de ſes généraux. Je n'entrerai pas dans le récit de leurs combats continuels, ni dans la diſcuſſion de leurs différens intérêts. Au milieu de toutes ces viciſſitudes, le ſort de la Grèce devant être le ſeul objet qui m'intéreſſe; j'ajouterai ſeulement que l'éclat de ſes beaux jours étoit paſſé, qu'elle éprouva toujours depuis un ſort perplexe & ſouvent malheureux.

Soumiſe alternativement aux rois de Macédoine & de Syrie, elle ne commença à reſpirer le charme de la liberté que quand les Achéens, en 243 & 242 avant Jeſus-Chriſt, eurent jeté les fondemens d'une ligue qui porta leur nom & qui fut le rempart de la liberté grecque, juſque vers 146, que les Romains, ſous prétexte de venger les Grecs des violences du roi de Macédoine, finirent par les ſubjuguer & par brûler Corinthe, regardée alors comme la principale ville de l'Achaïe. Toute la Grèce fut alors réduite en Province Romaine.

Depuis cette époque, jusqu'au commencement de l'Empire d'Auguste, 27 ans avant Jesus-Christ, ce qui donne à peu-près 121 ans, les Romains ne firent pas de grands changemens dans les loix municipales des villes de la Grèce. Elles eurent cependant beaucoup à souffrir lors de la guerre de Mithridate, & des guerres civiles qui survinrent peu après. Les Athéniens n'ayant pas voulu ouvrir leurs portes à Sylla qui marchoit contre les troupes de Mithridate, il en fit le siége, & l'ayant prise, il la livra au pillage comme auroit fait le plus féroce barbare. Les propriétés des citoyens ne furent pas fort respectées pendant les troubles des guerres civiles, dont le théatre fut presque toujours en Grèce. Enfin, Octave, vainqueur, rendit une apparence de liberté aux Grecs, & donna en effet la tranquillité à l'étendue de l'Empire Romain. Il prit le nom d'Auguste, 27 ans avant l'Ere chrétienne.

CHAPITRE II.

Depuis le commencement de l'Empire d'Auguste, 27 ans avant l'ère vulgaire, jusqu'à la conquête de Constantinople par les Turcs, l'an 1453 de cette même ère.

Auguste, cherchant, autant que l'intérêt de son ambition pouvoit le lui permettre, les moyens d'aveugler les Romains sur l'excès de sa puissance, affecta de laisser une apparence d'autorité au Sénat & au peuple. Il leur attribua le gouvernement des provinces intérieures de l'Empire, & prit pour lui celles dont il fit comprendre que la défense étoit plus difficile & plus pénible : il se réserva les frontières. Cette disposition le rendoit le maître des troupes, & par conséquent de toutes les forces de l'état.

L'Histoire de l'Empire Romain n'est point du tout ici de mon objet ; aussi n'en prendrai-je que ce qui peut intéresser la Géographie du pays que je traite.

La Grèce, devenue le partage du

peuple Romain, fut gouvernée par trois préteurs.

L'un avoit fous lui une partie de l'Epire, & toute l'Illyrie.

Un autre, la Macédoine, & une partie de la Grèce.

Un troifième, l'Achaïe, la Theffalie, l'Acarnanie, & le refte de l'Epire. Adrien aimoit la Grèce, Athènes fur-tout pour laquelle il fignala fes bontés & fa magnificence. Sous ce prince, la Grèce fut fubordonnée au gouvernement de l'Illyrie, dans lequel on comptoit alors dix-fept provinces

Cet arrangement changea fous Conftantin. Ce prince, comme on le voit dans la Géographie Ancienne de l'Italie, ayant partagé tout l'Empire en quatre préfectures du prétoire; celle d'Illyrie comprenoit la *Macédoine*, & la *Dacie* (1).

Le gouvernement de Macédoine étoit le feul qui appartînt proprement à la Grèce; il étoit partagé en fix provinces : 1°. L'A-

---

(1) On ne met point de Cartes pour ces différentes divifions, afin de ne pas trop les multiplier. On peut en prendre une idée fuffifante par l'infpection de la Carte comparative, où les noms anciens & modernes de ces provinces fe trouvent exprimés, & par celles qui accompagnent le volume de la Géographie Ancienne de l'Italie.

chaïe ; 2°. la Macédoine ; 3°. l'Isle de Crète ; 4°. la Thessalie ; 5°. l'ancienne Epire ; 6°. l'Epire nouvelle, & une partie de la Macédoine que l'on appelloit *Salutaris*.

Le gouvernement ou diocèse de la Dacie renfermoit cinq provinces. 1°. La Dacie méditerranée ; 2°. la Dacie riveraine ou *Ripensis* ; 3°. la Mœsie première ; 4°. la Dardanie ; 5°. la Prévalitane à laquelle on joignit une partie de la Macédoine *Salutaris*.

La Dacie méditerranée, répondoit à la partie méridionale de la Servie.

La Dacie riveraine, à la partie occidentale de la Bulgarie, le long du Danube.

La Mœsie première, à une partie de la Rascie, en deçà du Danube.

La Dardanie, à la partie méridionale de la Bulgarie.

La Prévalitane, & le pays qui y fut joint, à une partie de la Dalmatie & de l'Albanie.

Il faut remarquer que par-tout ici on comprend sous le nom d'Achaïe les différens états qui se trouvoient compris dans la ligue des Achéens lorsque la Grèce fut soumise pat les Romains ; ce sont l'Etolie, l'Attique, la Mégaride, la Phocide, la Béotie, la Locride, l'Eubée, le Péloponèse, & les principales Isles adjacentes.

Sous Honorius & Arcadius, la Grèce fut comprise dans l'Illyrie orientale. Mais il s'étoit formé dans la vaste étendue du pays que je décris, & que comprend actuellement la Turquie d'Europe & la petite Tartarie, différens états dont je vais parler en peu de mots.

Royaumes de Croatie & de Dalmatie, depuis 620, jusqu'en 872.

Ces deux Royaumes fixent leurs commencemens à-peu-près à la même époque. Le premier subsista peu : le second, c'est-à-dire le royaume de Dalmatie, paroît avoir dû son origine aux Esclavons ou *Slaves*, peuples septentrionaux qui s'étoient jetés sur ces contrées pendant le règne de Justinien, depuis l'an 527 jusqu'en 565. Ce premier royaume de Dalmatie, finit en 872, & fit place au royaume de Servie.

Ces différens états ne comprenoient qu'une partie des provinces septentrionales de la Turquie actuelle.

Royaume des Bulgares, depuis 670, jusqu'en 1041, ou 1042.

Les Bulgares étoient venus de la Sarmatie asiatique : divisés en plusieurs branches, une seulement s'établit en Italie : les autres se fixèrent auprès du Danube, malgré les efforts de l'Empereur Constantin Pogonat. Ils remportèrent d'autres avantages sur ses Successeurs, & formèrent un état assez puissant. Quelques auteurs font finir leur royaume en 1019, tems où Basile soumit la Bulgarie à l'Empire. Mais les troubles ne finirent qu'en 1041 ou 1042, sous le règne de Michel *Calafate*.

Les Bulgares recommencèrent à former un petit royaume, dans la suite, qui subsista depuis 1196, jusqu'en 1390, qu'il fut détruit par les Turcs.

Royaume de Servie, depuis 780 environ, jusqu'en 920.

On sait peu de chose de l'Histoire de ce petit royaume. Il s'étoit formé dans la province qui porte encore son nom, & qui auparavant faisoit partie du royaume de Dalmatie.

Royaumes de la Dalmatie septentrionale, & de la Dalmatie méridionale, en 920.

Le royaume de la Dalmatie septentrionale renfermoit aussi la Croatie : il finit en 1096. Le pays passa ensuite au pouvoir des Rois de Hongrie.

Celui de la Dalmatie méridionale renfermoit aussi la Servie : il ne finit qu'en 1170.

Royaume de Rascie en 1170, & de Bosnie en 1376.

Le royaume de Rascie commença vers l'an 1170, & comprit la Servie. Il fut affoibli en 1376, par la formation de celui de Bosnie. Peu après, la Servie commença à avoir des Souverains qui portèrent le nom de Despotes.

Le royaume de Bosnie s'étant étendu comprenoit aussi la Servie, lorsque les Turcs s'en emparèrent en 1453, sous le règne de Mahomet II.

Empire Grec.

Cet Empire, dont le siége avoit été

transporté, en 330, à Byfance par Conftantin, qui de fon nom l'appela Conftantinople, fe foutint pendant quelque tems avec éclat, quoique fous des princes foibles & vicieux : cependant fous Héraclius, les Arabes, devenus conquérans par la fureur du fanatifme dont Mahomet, mort en 632, les avoit enivrés, s'étoient jetés fur tous les pays qui les environnoient; & fous la conduite des fucceffeurs de ce prétendu Prophète, auxquels ils donnoient le nom de *Califes*, ils s'emparèrent de prefque tout l'Orient, depuis l'an 632, qu'Abubeker fuccéda à Mahomet, jufqu'à l'an 641, que mourut l'Empereur Grec.

D'autres Barbares, venus des parties feptentrionales de l'Europe, s'étoient jetés fur l'Italie. L'Europe alloit tomber dans la plus grande confufion.

En 1081, Alexis Comnène fut proclamé Empereur. En 1096, il vit arriver l'armée des *Croifés*, guerriers dévots & indifciplinés, qui fous la conduite de l'Hermite Pierre, fe propofèrent de conquérir fur les Afiatiques tout le pays fanctifié par les miracles de Jéfus-Chrift, & que, par cette raifon, on appeloit *Terre sainte.* La prudence exigeoit qu'il se tînt dans une juste défiance ; mais l'honneur & la justice lui prescrivoient de la sincérité dans les traités, & de la bonne-foi dans leur exécution. Sans doute il crut se mettre à couvert des reproches, en exécutant mal des traités qu'il n'avoit jamais eu dessein de tenir. Au moins est-il sûr qu'il remplit bien mal ses engagemens. Rien ne peut l'en justifier assurément : ce qui pourroit un peu l'excuser, c'est que les *Croisés*, après être passés en Asie, ne furent guère fidèles observateurs de leurs sermens.

L'Empire Grec fut ensuite gouvernée par des princes lâches, fourbes & sanguinaires.

Empire des Latins, depuis 1204, jusqu'en 1261.

Les Latins, encore assemblés pour une nouvelle croisade, étoient prêts de passer dans la Terre-Sainte sur des bâtimens vénitiens, après la prise de Zara en Dalmatie, lorsque le jeune Alexis Comnène les vint inviter à prendre la défense de son pere, détrôné & privé de la vue par un frère qu'il avoit racheté des mains des infideles.

L'indignation qu'excita cette atrocité & l'espérance que donna le prince Grec de prendre aussi la croix, déterminèrent la plupart des Croisés, à marcher contre l'usurpateur de l'Empire. Ils arriverent devant Constantinople l'an 1203, l'assiégèrent, la prirent. L'usurpateur s'enfuit : Isaac l'Ange fut remis sur le trône. Mais bientôt un prince de la maison des Ducas, appelé Alexis Ducas & surnommé *Murtzulphe* à cause de ses épais sourcils, parvint à perdre le prince dans l'esprit du peuple, & à éloigner le jeune Alexis Comnène, associé au trône par son pere, de ses liaisons avec les Latins. Cependant Isaac mourut de chagrin ; Alexis fut jeté dans une prison & étranglé par Murtzulphe. Les Latins assiégèrent la ville de nouveau, la prirent, précipiterent l'usurpateur du haut d'une tour, & mirent sur le trône un prince françois : dans l'intervalle de moins d'un an, le trône fut occupé par six princes.

Beaudoin I, Comte de Flandres, fut couronné Empereur le 16 Mai 1204 ; & l'année suivante ayant été fait prisonnier par un Roi des Bulgares, il fut jeté en prison & subit peu après une mort cruelle.

D'autres

D'autres Historiens disent qu'il mourut sur le champ de bataille.

On ne compte que cinq Empereurs Latins de Constantinople : on en compteroit six en y comprenant Jean de Brienne.

Beaudoin III, fut chassé de Constantinople par le César Alexis Strategopule, qui commandoit les troupes de Michel Paléologue, reconnu Empereur par les Grecs, & dont le siége étoit à Nicée dans l'Asie mineure.

Empire Grec.

Pendant que les Latins s'affermissoient dans Constantinople, Théodore Lascaris, gendre d'Alexis l'Ange ou Comnène, étant passé en Asie, y avoit d'abord eu le titre de Despote : au bout de deux ans il prit le titre d'Empereur, à Nicée, en 1206. D'autres princes Grecs lui succédèrent.

Michel Paléologue, le cinquième de ces Empereurs Grecs d'Asie, étant déjà maître d'Adrianopolis, reprit la ville de Constantinople, & avec elle les terres de l'Empire situées en Europe.

Mais tant de secousses avoient ébranlé l'Empire jusque dans ses fondemens. Les princes Othomans, qui avoient commencé vers l'an 1300, à se faire un petit Etat dans l'Asie mineure, parvinrent à s'établir dans la Thrace, en 1362, sous le règne de Jean Paléologue.

En 1453, la ville de Constantinople fut prise par Mahomet II, le 29 de Mai. Cette fatale révolution mit fin à l'Empire Grec, dont le dernier Empereur Constantin XII, périt sur la brêche les armes à la main.

Coup-d'œil général sur l'état de la Grèce.

Lorsque les François eurent pris Constantinople, différens Seigneurs Grecs, grands Officiers de l'Empire, se révoltèrent. Outre ceux qui se firent proclamer Empereurs, dont un étoit en Grèce à Thessalonique, les autres usurpèrent la souveraineté du pays, dont on leur avoit confié la garde. Cette révolution fit éclorre en Grèce une multitude de petites souverainetés.

Pour soumettre ces rebelles, Henri, frère & successeur de Baudouin, n'ayant pas assez de forces par lui-même, permit aux principaux Seigneurs de sa Cour,

DE LA TURQUIE D'EUROPE. 99
d'armer contre eux, & de s'approprier les terres dont ils feroient la conquête, à condition toutefois qu'ils releveroient de l'Empire. Les Vénitiens qui, pour prix des services rendus par eux, aux Latins, en les aidant à se rendre maîtres de Constantinople, avoient eu la Thessalie avec une partie de la Macédoine, imitèrent la conduite de Henri II, & permirent aux premiers personnages de leur nation de se faire aussi des établissemens relevant de la République.

Le détail des évenemens qui accompagnèrent ces expéditions, n'est pas de mon objet. Je dirai seulement que :

La Macédoine appartenoit en grande partie aux Vénitiens.

L'Epire fit une souveraineté à part, avec le titre de *Despotat*.

L'Albanie fut aussi un Despotat.

La Thessalie eut le titre de royaume, & fut d'abord possédée par les Vénitiens; mais ils cédèrent ce royaume à Boniface de Montferrat, en échange de l'Isle de Crète.

L'Achaïe fut un Despotat.

Athènes & Thèbes, un Duché.

Corinthe & Napoli, un Despotat.

G ij

Lacédémone un Duché.

L'Archipel, un Duché qui fut considérable, & eut une assez longue suite de princes. Le premier fut Sanudo, seigneur Vénitien. Ce Duché comprenoit une grande partie des Isles de l'Archipel.

L'Isle d'Eubée formoit un Despotat.

Ces princes se faisoient une guerre continuelle : les plus puissans s'emparèrent des états des plus foibles. Les Turcs profitèrent habilement de ces troubles. Le duc de l'Archipel, que la situation de ses états & sa puissance mettoient à portée de résister plus que la plupart des autres, se défendit aussi plus long-tems. Le siége de son Empire étoit à Naxe, Isle considérable par son étendue, sa fertilité, & les châteaux dont l'avoit fortifié le premier duc Sanudo. Sous Jacques Crispo, prince méprisable par sa foiblesse, sa molesse, & les vexations qu'il exerçoit sur ses sujets, les peuples eux-mêmes se donnèrent aux Turcs. Ils en attendoient un prince Grec; Selim II, leur donna pour duc un Juif, appelé *Jean Michez*, dont il avoit reçu de grands services, mais qui n'osa s'y présenter : il ne gouverna que de loin.

Les Vénitiens, maîtres d'une grande

partie de la Morée, la défendirent quelque tems auſſi avec courage ; mais enfin ils ſuccombèrent ſous les efforts des Turcs.

DES TURCS.

I.

LES Turcs ſont originaires de la Turcomanie en Aſie : ils avoient d'abord ſervi ſous des princes très-puiſſans, les ſultans Seldgioucides. Après leur deſtruction par les Mogols, pluſieurs Chefs de troupes & Commandans de province parvinrent à ſe faire des états particuliers. Quelques Auteurs font remonter l'origine des Othomans à Soliman, Chef d'une Tribu du Khoraſan. D'autres la commencent ſeulement à Togrul, qui s'empara de pluſieurs provinces de l'Aſie mineure. Son fils Othman fut plus puiſſant encore. Ce fut pendant ſa vie que mourut le dernier des Sultans Seldgiouides. Sept gouverneurs ſe rendirent alors tout-à-fait indépendants : Othman ſe diſtingua entr'eux par ſa bravoure & par ſa puiſſance.

Son fils Orkhan fut plus puissant encore. Maître d'une grande partie de l'Asie-mineure, il fit passer des troupes en Europe sous la conduite de Soliman, l'un de ses fils, qui mourut dans le cours de ses conquêtes.

Amurath, autre fils d'Orkhan, lui succéda. Entre autres faits que l'on cite de lui, on ne doit pas laisser ignorer l'établissement des Janissaires, corps de milice considérable, dont la puissance a été funeste à plusieurs des princes qui lui ont succédé.

Bajazet I, est le premier des princes de sa nation qui ait porté le titre de Sultan (1). C'étoit un prince guerrier ; mais il fut défait & pris à la bataille d'Ancyre, le 30 Juin 1402 : elle dura trois jours. Quelques Auteurs ont dit que Timur Begh, connu sous le nom de Tamerlan, prince Tartare & vainqueur de Bajazet, le fit mettre dans une cage de fer : d'autres, plus dignes de foi, rapportent qu'il traita son prisonnier avec distinction.

---

(1) Selon l'Auteur des Annales Ottomanes écrites en Turc, Orkham & Amurath avoient pris le titre de *Sultan* ; je me suis conformé à l'opinion commune.

Soliman, fils de Bajazet, ayant fait la paix avec l'empereur Grec, reprit la guerre contre les Tartares. Des troubles domestiques, ou du moins l'ambition de ses frères, le firent descendre du trône.

Amurath II, qui lui succéda, étendit prodigieusement ses conquêtes en Europe: il prit Thessalonique, défit l'armée des Chrétiens; mais ne put prendre la ville de Croye, située en Albanie, & dont on indiquera la position.

Mahomet II, son fils, n'avoit que vingt ans lorsqu'il lui succéda : ce fut réellement un grand prince; la sagesse dirigeoit tous ses conseils; la valeur en consommoit l'exécution. Pendant son règne, il renversa les deux Empires de Trébizonde & de Constantinople, conquit douze royaumes, & prit sur les Chretiens plus de douze cents villes. Il fut suivi par Chélébi & Mahomet I, qui régna huit ans.

Il avoit mis le siége devant Constantinople, le 6 Avril 1453 : il l'emporta d'assaut le 29 de Mai, après cinquante-quatre jours de tranchée ouverte. Le reste de la Grèce tomba successivement entre ses mains.

En 1480, un de ses généraux avoit

pris Otrante, ville d'Italie, & la clef de cette région du côté du Levant.

Ce prince mourut le 2 Juillet 1483, âgé de près de 53 ans. Il joignoit à la prudence & aux plus grands talens pour la guerre, le goût des Lettres & des Sciences ; mais c'étoit un monstre de cruauté & de perfidie.

Je viens de mettre sous les yeux du Lecteur l'établissement des Turcs en Europe : il ne m'est pas possible de suivre les règnes de chacun de leurs princes ; je fais une Géographie, non pas une Histoire. J'ajouterai seulement quelques mots sur la Religion & les mœurs des Turcs : après quoi je finirai par la description du pays, tel qu'ils le possèdent actuellement.

II.

La Langue turque n'étoit au commencement que le Tartare ; mais elle a bien gagné en s'enrichissant aux dépens de l'Arabe & du Persan, ensorte qu'elle est depuis long-tems un composé de ces trois Langues. C'est ainsi que l'Anglois, qui n'étoit d'abord que du Saxon ancien, tel à-peu-près que celui qui dans certaines contrées de l'Allemagne, se nomme *le plat Aleman*, a pris une très-grande quantité de mots dans le François & le Latin, & est devenu une Langue étendue en prenant les noms avec les idées ignorées de ses premiers auteurs.

III.

La Religion Turque est le pur Mahométisme, dont tous les préceptes sont renfermés dans leur livre saint, appelé chez nous *Alcoran*. (1), & dont Mahomet est l'auteur : les Sectateurs de cette Religion, qui est aussi celle des Arabes, se nomment *Musulmans* (2) ; & c'est le nom que se donnent les Turcs, aussi bien

---

(1) Le mot *Alcoran* est composé des mots arabes *Al*, le, & de *Koran*, qui vient du verbe *Karaa*, lire, & signifie proprement, *ce qui doit être lu*. C'est à-peu-près comme chez nous ; *Bible* vient du grec *Biblos*, le livre, & signifie alors *le livre par excellence*.

(2) Le mot *Musulmans* est une corruption de *Musliman*, pluriel persan de *Muslim*, mais que les Turcs emploient abusivement au singulier. Ce mot *Muslim* est le participe présent du même verbe, dont *Islam* est l'infinitif & le nom verbal. *Islam* est le nom que Mahomet donne lui-même à sa religion : il signifie *celui qui entre dans l'état du salut ; un vrai croyant*. Ce mot vient de *Salama*, entrer dans l'état du salut.

que celui d'Othomans, & non pas celui de Turcs qu'ils regardent comme une injure, & dont ils ne se servent que pour désigner un homme grossier.

En général, Mahomet réduit toute sa doctrine à ces deux points fondamentaux : *Il n'y a qu'un seul Dieu, & Mahomet est son Prophète* (1). Cette maxime est si sacrée parmi eux, que quiconque l'a prononcée en leur présence est exposé au supplice, à moins qu'il ne consente à se faire Musulman.

La Religion est partagée en deux Parties essentielles.

1°. L'IMANN, ou la Foi, qui consiste à croire les six articles suivans ; *l'existence de Dieu ; l'existence des Anges ; la sainteté de l'Alcoran ; la sainteté des Prophètes ; la résurrection, le jour du Jugement ; les décrets de Dieu ; & la Prédestination absolue*, tant par rapport au bien que par rapport au mal.

2°. Le *Dinn*, ou la pratique de la Reli-

---

(1) Les Arabes & les Turcs expriment ainsi cette profession de foi, que je ne place ici que parce que je l'ai trouvée défigurée dans quelques livres, même dans le Tome XV de l'Histoire universelle des Anglois.

Lā ilāha-llāh , Mohammedoūn reçoul-oullah.

gion, qui consiste à *faire la prière*, & ce qui y a rapport ; *à faire l'aumône ; à observer le jeûne* du Rmăzānne, ou comme disent les Arabes du Rămădānne, *à faire le pélerinage de la Mecque.*

Il est à remarquer que, par rapport aux aumônes, on en peut, selon eux, transmettre le mérite d'une personne à une autre. On cite à ce sujet, que sous le règne de Bajazet, un riche Pacha (1) avoit bâti un pont de pierres, entre Andrinople & Constantinople, sur une petite rivière qui s'enfloit tellement par les fontes de neiges & par les pluies de l'automne, qu'elle inondoit toutes les campagnes voisines. Bajazet étant arrivé en cet endroit avec son armée, fut frappé d'admiration à la vue de cet ouvrage : il manda le Pacha &

___

(1) Je saisirai cette occasion de dire quelques mots sur le nom de *Pacha*, que l'on confond souvent avec *Bacha*. Quand il est question d'un gouverneur chez les Turcs, il faut toujours dire *Pacha* ; c'est un mot qu'ils ont pris du Persan, & qui signifie le *pied du Roi*. Les Arabes n'ayant point de *P*, disent *Bacha* ; c'est pourquoi on dit le Bacha d'Égypte. Le mot *Bacha*, chez les Turcs, se met ordinairement pour les Janissaires & les gens du commun, après le nom de la personne : *Ali-Bacha, Soliman-Bacha ;* ce qui répond à *Maître Ali, Maître Soliman.* Pour les gens de distinction, on emploie le mot de *chélébi*, répondant à notre *Monsieur*.

le pria de recevoir le remboursement de ce qu'il avoit dépensé à la construction de ce pont, en lui cédant le mérite d'une si bonne œuvre, avec la récompense qu'elle lui devoit obtenir dans l'autre monde. Le Pacha répondit à l'Empereur qu'il ne pouvoit se rendre à sa demande, parce que c'étoit la seule bonne action capable de le rassurer lorsqu'il paroîtroit devant la Majesté Divine. Le Sultan renouvela, mais inutilement, ses instances; il ne put rien obtenir. Irrité de ce refus, il s'éloigna du pont, poussa son cheval dans l'eau, la passa à guet avec ses troupes, & fit mettre à mort le Pacha.

En général, les Turcs sont fort religieux. Ils ont souvent à la bouche cette belle maxime du Calife Omar: *La prière nous conduit à moitié chemin vers Dieu; le jeûne nous mène jusqu'à la porte de son palais; les aumônes nous en ouvrent l'entrée.*

Comme ils ont plusieurs prières d'obligation chaque jour, ils ont peu de ces jours que nous appelons fêtes, & qui sont particuliérement consacrés au Service divin. La première de toutes leurs fêtes & la seule qui soit en quelque sorte expressément ordonnée par la Loi, c'est celle qu'ils nomment *Baïram*. Elle commence le premier de la Lune de Chewal, qui suit celle de Rămăzānn (1). Ils ont un autre Baïrām, qu'ils nomment *Coubann Baïramm*, c'est-à-dire, Baïram des Sacrifices : il se célèbre 70 jours après le premier, le 10 de la Lune de *Zilhidgé*. Les Turcs sacrifient ce jour-là des moutons ; les plus à leur aise immolent des bœufs, des bufles, & en distribuent la viande aux pauvres. Ils ont aussi la fête de la naissance de Mahomet, & le Vendredi de chaque semaine qui est célébré chez eux, à-peu-près comme l'est chez nous le Dimanche.

Leurs Ministres de la Religion & leurs gens de Loi, sont renfermés dans le corps qu'ils appellent *Uléma* (2), & que je nommerois presque *Clergé*.

---

(1) Comme ils suivent l'année lunaire de 354 jours, moins longue que la nôtre de 11 jours, il s'ensuit que eur Rămăzānn & le Baïrāmm parcourent toutes les saisons. Le jeûne du Rămăzān est très-fatigant en Eté ; car ils observent à la rigueur de ne manger qu'après le coucher du soleil. Les gens riches donnent une partie de la journée à dormir, après avoir passé la nuit à manger & à boire ; mais les pauvres gens, obligés de travailler, sont réellement dans un état de souffrance.

(2) Ce mot est un plurier arabe, formé d'*Alim*, lettré. Autrefois chez nous, par *Clerc*, on entendoit un homme instruit : un grand-*Clerc*, un homme fort habile.

Le Moufti est à la tête de la Religion & de la Loi, dont il est en quelque sorte l'interprète. Sa place lui donne les plus grandes prérogatives.

Ceux qui jouissent après lui de la plus grande considération, sont ; 1°. les *Emirs*, ou descendans de la famille de Mahomet ; 2°. les *Imams*, qui sont à-peu-près ce que sont chez nous les Curés. Mais comme il n'y a point de Hiérarchie chez les Turcs, ils ne sont point dans la dépendance spéciale du Moufti : chaque quartier à Constantinople choisit le sien ; & ils dépendent du Magistrat, comme tous les citoyens, pour les affaires civiles & criminelles.

Je passe sous le silence d'autres Ministres subalternes, pour dire un mot d'une autre espèce d'homme fort commune dans le Levant ; ce sont les *Derviches*, dont le nom signifie *pauvres*, & dont tout l'extérieur répond bien à ce titre. Le fanatisme, la vanité & la paresse ont également concouru à leur établissement; & leur conduite répond parfaitement à cette honteuse origine. Il y a une autre sorte de gens plus détestables encore ; ce sont les *Santons*, espèce de cyniques, dont l'insolence ne respecte ni la Religion, ni les mœurs.

IV.

On sait que le gouvernement y est le despotisme le plus absolu. Il faut observer cependant que cet exercice d'un pouvoir arbitraire de vie & de mort, ne tombe guères, de la part du grand Seigneur, que sur les gens de guerre & sur ses propres Officiers ; même en saluant le Janissaire présente le col pour indiquer que son maître peut le lui faire couper. Mais le simple citoyen, dans le cas d'une injustice ou d'une violence, invoque la Loi, & il est écouté, sauf les abus. Le Souverain que nous appelons ici le *grand Seigneur*, s'appelle en Turquie *Sulthan* ; ses principaux Ministres & Officiers, sont :

Le *Grand-Visir*, que les Turcs nomment *Vésir-azem* (1). Il est le premier ministre, ou le vicaire général de tout l'Empire. Il y a des Conseillers d'Etat que l'on nomme *Coubbè-Tésirs*.

Le *Caimacan*, qui ne se nomme que

---

(1) *Vésir* signifie celui qui est chargé du fardeau ; & *Azem*, le plus grand.

dans l'absence du Grand-Visir, & qui gouverne la ville de Constantinople pendant ce tems. Son nom signifie *celui qui tient la place.*

Le *Capitan - Pacha*, que les Turcs nomment *Capoudan-Pacha*, & qui est le grand Amiral (1).

Le *Defterdar*, ou surintendant des finances. Son nom signifie *celui qui tient les registres.*

L'*Aga des Janissaires*, est le chef de cette milice.

Le *Sipahiler - Agassi*, est le général d'une troupe de cavalerie, que l'on nomme *Sipahis.*

Le *Bostandgi-Bachi*, est le surintendant des jardins.

Le *Begler-Beys*, ou *Beys des Beys*, ce qui répond à notre expression, *Seigneur des Seigneurs*. Ce sont des gouverneurs-généraux : il y en a deux, l'un pour l'Europe, il réside à Sophia ; l'autre pour l'Asie, il demeure à Kutaiéh.

---

(1) On lit dans la Géographie de la Croix, que le Capitan-Pacha demeure à Gallipoli, sur le détroit des Dardanelles ; c'est une des erreurs de ce livre, qui en renferme beaucoup d'autres. Le Capitan-Pacha demeure au fond du port, dans un quartier appelé *Cassim-Pacha*.

Le *Reis-Effendi*, c'est-à-dire le *chef des maîtres*. Il est le Chancelier & le premier Secrétaire de l'Empire, & de plus le ministre des Affaires-Etrangères : mais quoique Chancelier, il n'est pas le dépositaire des Sceaux : ils sont à la garde du Grand-Visir, & le *Nichandgi-Pacha* les appose.

Les noms & les fonctions des officiers du second & du troisième ordre, entraîneroit des détails déplacés ici.

POUR l'administration de la Justice, on tient quatre fois la semaine (1), dans le palais du Grand-Visir, un conseil nommé le *Divan*. Ce ministre y préside, & plusieurs des grands-officiers y siègent avec lui.

Le conseil du Grand-Seigneur se nomme *Galibé-Divan*; il se tient les portes ouvertes, avec le plus grand appareil.

V.

Le gouvernement civil & militaire est divisé en deux départemens : celui d'Europe, appelé de *Roum-ili*; & celui d'Asie,

___

(1) Le vendredi, le samedi, le lundi & le mercredi.

H

appelé d'*Anadoli*. Les Turcs ont conservé dans l'Empire les grandes divisions qu'ils y ont trouvées établies, soit en royaumes, soit en provinces. Chacune de ces grandes divisions est gouvernée par un Pacha, qui souvent porte le titre de Beglerbey. Les Sandgiacs sont ceux qui gouvernent dans des départemens moins considérables.

V I.

Les Turcs ainsi que tous les peuples de l'Orient, préfèrent le service de la cavalerie, & l'usage de l'arme blanche, au service de l'infanterie. Leurs fusils sont plus longs, plus épais, & de meilleur fer que ceux des Européens ; mais ils s'en servent avec lenteur, & sont toujours impatiens de charger l'ennemi le sabre à la main : ils manient cette arme avec adresse, & chargent impétueusement. Le feu de l'infanterie ne les arrête pas. La bayonnette seule réprime leur fougue : on a vu deux cens grenadiers renverser avec cette arme plus de deux mille cavaliers Turcs.

Ce sont des troupes-légères de la meilleure espèce. Elles attaquent vivement, sans ordre, sans harmonie, sans plan combiné, relativement au terrein ou à la position de l'ennemi : elles l'environnent & fondent sur lui de toutes parts. Un grand nombre de drapeaux sont au premier rang & devant le front, pour augmenter le courage. Les Officiers donnent l'exemple en combattant eux-mêmes à la tête de leur troupe. Un corps est-il repoussé? Un autre succède; souvent il n'a pas plus de succès. Alors ils entraînent, en fuyant, ceux qui accourent après eux : la cavalerie & l'infanterie se mêlent & se confondent; les attaques sont plus foibles; la confusion devient générale, & conduit à une retraite presque aussi vive que le premier choc.

Une attaque si confuse est peu dangereuse pour une armée aguerrie & disciplinée; mais celle qui se laisseroit forcer par ces troupes seroit perdue. Aucun homme n'en échapperoit à cause de la vîtesse des chevaux, conduits par des cavaliers qui portent rarement des hommes inutiles.... Le feu de leur mousqueterie est peu redoutable. Mais, comme leurs fusils portent plus loin que les nôtres, il seroit utile de leur opposer au premier rang des soldats armés de carabines rayées. Quant à l'artillerie Turque, elle est servie lentement, & a peu d'effet. Presque toutes les pièces sont de bronze, & plus longues que les nôtres : les affuts sont grossiers, & les roues d'une seule pièce. On les tire souvent à toute volée ; & comme on force la charge pour chasser le boulet plus loin, il n'est pas rare qu'elles crèvent (1).

VII.

Les Turcs font le commerce avec presque toutes les Nations de l'Europe. Ils ont chez eux de fort belles manufactures pour les ouvrages en soie, en laine & en peaux de différentes sortes. Quand je dis que les Turcs commercent, j'entends plutôt parler du pays que des hommes. Car la plus grande partie du commerce y est entre les les mains des Arméniens & des Juifs. Les marchandises que l'on tire de la Turquie, sont principalement les soies, les tapis, les étoffes de soie ou de laine, les toiles

---

(1) Voyez l'*Histoire de la guerre des Russes contre les Turcs*, par M. de Kéralio. On ne peut trop admirer la profonde érudition & l'esprit de discussion qui règnent dans les endroits de cet ouvrage qui en étoient susceptibles.

peintes que nous appellons *perses*, les maroquins bleus, rouges & jaunes, la rhubarbe, la térébenthine, &c. Ce commerce se fait, de la part des Nations Européennes, en marchandises & en argent. On y vend aussi beaucoup d'esclaves des deux sexes, sur-tout de belles femmes Circassiennes & Géorgiennes ; mais les Européens ne participent point à ce trafic odieux & outrageant pour l'humanité.

VIII.

Quoiqu'en général les connoissances des Turcs soient fort bornées, & qu'ils aient un éloignement extrême pour les sciences cultivées en Europe, ils ont cependant des écoles dans lesquelles ils enseignent ce qu'ils regardent comme les seuls objets dignes d'être étudiés. Ce sont la lecture, un peu de Grammaire, leur Religion, & cette Logique qui s'enseignoit dans les écoles de l'Occident, il y a quelques siecles, c'est-à-dire, dans les tems où l'on mettoit les mots à la place des idées. Ils y mêlent un peu de Mathématique, de Géographie, & de Morale. Mais un homme habile chez eux, dans ces différens genres, auroit encore chez nous bien des choses à apprendre, & bien des connoissances à rectifier, indépendamment de celles qui nous différencient essentiellement. Et le général de la nation est attaché, par goût, à son ignorance.

Il y a environ 60 ans qu'un Hongrois apostat, nommé *Ibrahim Effendi*, homme assez instruit, entreprit d'introduire en Turquie l'usage de l'Imprimerie. Il éprouva mille difficultés de la part des gens de loi, qui se mêlent aussi des affaires de la religion: ils étoient gagnés par cette multitude de scribes dont le seul état est de copier l'Alcoran & le peu d'autres livres dont les Turcs font usage. Ils trouvoient moyen d'intéresser la nation à leur cause, en faisant regarder un papier imprimé comme une espèce d'image, ce que les Turcs ont fort en horreur. Enfin, soit que le Gouvernement sentît qu'il étoit avantageux d'adopter un établissement qui multiplioit les avantages en simplifiant les moyens, soit plutôt que son argent fît valoir ses raisons, il parvint à obtenir sa demande. Il publia d'abord une Grammaire turque; puis quelques livres d'Histoire & de Géographie. Mais, à sa mort, la direction de l'Imprimerie étant passée entre les mains des

Grecs, ils n'imprimèrent, à peu de chose près, que des livres concernant la religion, & l'Imprimerie tomba insensiblement. On n'y fait plus rien aujourd'hui.

IX.

Les Grecs, les Arméniens & les Juifs ont en Turquie le libre exercice de leur religion ; mais il leur en coûte plus ou moins cher. Les Grecs, sur-tout, paient annuellement de fort grosses sommes. Non-seulement le patriarche de Constantinople, élu par les archevêques & les métropolitains, ne peut remplir son siège qu'en donnant beaucoup d'argent au grand-visir ; mais de plus, toutes les familles grecques paient en particulier un droit pour exercer librement leur religion. Leurs prêtres & leurs moines sont presque par-tout dans la plus profonde ignorance. Les Grecs & les Arméniens ont quelques églises à Constantinople. Les Juifs sont très-répandus dans tout l'empire. Il y en a un très-grand nombre dans les grandes villes, mais sur-tout à Thessalonique (1).

---

(1) On peut d'ailleurs consulter sur les Turcs le livre curieux que vient de donner M. le Baron de Tott, ou attendre le superbe Ouvrage que M. le Chevalier de Mouradgia doit publier sur le Levant.

GÉOGRAPHIE MODERNE.

D'après la connoissance de l'état actuel de la Turquie, il sera aisé de sentir la différence qui existe entre l'ancienne & la nouvelle Géographie de cette étendue de pays, & d'en faire soi-même la comparaison. En général, on verra que cet Etat a beaucoup gagné dans les parties du Nord, & perdu dans celles du Midi. Mais la différence qui se trouve à l'avantage des parties septentrionales n'est point due au Gouvernement Turc; ç'a été l'ouvrage du tems; & des détails sur la Géographie du moyen âge, nous auroient offert la succession de ces accroissemens; mais ç'eût été donner trop d'étendue à cet ouvrage, d'après le plan que j'ai annoncé. On a pu d'ailleurs en prendre quelque idée dans l'Analyse historique.

DIVISIONS GÉNÉRALES.

Le tableau ci-dessous fera connoître les provinces renfermées dans les parties septentrionales & méridionales.

Parties septentrionales.

Provinces.	Capitales.	Situation.
1°. Roum-ili ou Romanie	Constantinople. *Port de mer.*	Long. 26° 33' 49" (1) Latit. 41° 1' 21"
2°. Albanie	Scutari	Sur un lac.
3°. Dalmatie	Mostar	*La Narenta.*
4°. Croatie	Bihacz	*L'Unna.*
5°. Bosnie	Bania-Luka	*La Verbas.*
6°. Servie	Belgrade	*La Save. Le Danube.*
7°. Bulgarie	Nicopoli	*Le Danube.*
8°. Valakie	Buccoresti	*La Dumbrowitz.*
9°. Moldavie	Iassi	*La Bahlui.*
10°. Bessarabie	Bender	*Le Dniester.*
11°. Petite Tartarie (2)	Baktchéferai	Une plaine.

Parties méridionales.

Provinces.	Capitales.	Situation.
1°. La Grèce.		
Le Ioannina	Ionannia	Un étang.
La Livadie	Lépante	Port sur le golfe de son nom.
2°. Le Péloponèse	Tripolizza.	

(1) Du Méridien de Paris.
(2) Cette partie est depuis peu à la Russie.

PARTIES SEPTENTRIONALES.

DE LA ROUM-ĪLI (1).

La Roum-īli (2), que dans l'usage ordinaire nous appelons *Romanie*, est un pays assez considérable.

Elle s'étend depuis le 39ᵉ jusqu'au 47ᵉ degré de longitude, & depuis le 40 degré 30 m., à-peu-près, jusqu'au 43ᵉ de latitude.

Elle a, au Nord, *la Bulgarie*; à l'Est, *la mer Noire*, que les Turcs appellent *Kara-Degnitz*; au Sud, *la mer de Marmara*, & l'*Éghio-Pélago* (3), ou l'*Archipel*; à l'Ouest, l'*Albanie*.

---

(1) Anciennement la Thrace, & presque la Macédoine.

(2) Feu M. d'Anville a écrit *Roum-iïli*; & moi, j'écris *Roum-īli*. Ce dernier mot est réellement celui dont se servent les Turcs; il signifie à la lettre *Rome du pays*, & dans l'usage, *le pays de Rome*. Car chez eux, *il*, signifie pays; & l'*i* ajouté, caractérise le génitif: ainsi *il*, le pays; *ili*, du pays, j'ai mis un trait sur l'*ī* pour faire sentir qu'il est long : c'est sans doute pour la même raison que M. d'Anville en a mis deux.

(3) C'est pour rendre sensible la prononciation du *g* grec que je le fais suivre d'un *h* : on le verra accompagné de la même lettre dans *Aghion-oros*.

Tout ce pays est fort montagneux ; je ne parlerai que des montagnes principales.

Les monts *Castegnats*, dont il paroît que l'ancien mont *Orbelus* faisoit partie. Ces monts sont au Sud d'une partie de la Servie & de la Bulgarie.

Le *Monté-Santo* (1), ou la *Montagne sainte*; appelé par les Grecs, & même par les Turcs, d'un nom grec qui exprime la même idée, *Aghion-oros*. Cette montagne s'avance, au Sud, dans la mer: elle est fort élevée.

Cette montagne est appelée *sainte*, à cause de la grande quantité de personnages pieux qui y vivent. On y compte au moins vingt-deux couvens de moines, sans les cellules & les grottes où demeurent un grand nombre de solitaires. On estime qu'en tout il peut y avoir six à sept mille moines. Outre leurs exercices de piété, qui ne laissent pas d'être assez multipliés, ils s'occupent de la culture des vignes, des oliviers, & même des différente sortes d'ouvrages. La viande leur est interdite ; ils ne vivent que de racines, de fruits & de laitage : en certains jours seulement ils mangent du poisson. Mais comme une vie si sobre est assez conforme au vœu de la nature, & qu'ils habitent un air très-pur, presque tous y vivent jusqu'à leur centième année. Ceux d'entre eux qui sont chargés du soin des livres & des leçons publiques dans leurs écoles (car c'est-là que s'enseigne la Théologie grecque), sont dispensés de toute autre occupation. Leurs couvens sont défendus par de hautes murailles & par des tours,

---

(1) Le mont Athos.

afin d'y être à l'abri des brigands. Il y en a plusieurs dans lesquels on n'entre qu'avec des échelles qui se descendent à volonté de l'intérieur. Tous les samedis, il se tient entre ces moines un marché dans lequel ils vendent leur travail de la semaine, & achètent les provisions de bouche qui leur manquent. Les couvens devenus riches par les aumônes qu'ils reçoivent des Grecs, des princes de Valakie, de Moldavie, & même de la Russie, paient leurs denrées en argent ; les autres font des échanges en marchandises.

Un Aga Turc demeure dans le bourg de Karcis, qui est sur la montagne : il y représente le Bostandgi-Bachi, sous la protection duquel est l'*Aghion-oros* (1). Cette protection est payée fort cher. Le tribut, pour cet officier, est de 12000 écus ; & il y en a un de même somme pour le grand Seigneur. Ce n'est qu'à force d'argent qu'ils parviennent à obtenir la tranquillité, & à se préserver des avanies dont ils sont menacés de tems en tems, sous prétexte que les empereurs Grecs ont autrefois enfoui leurs trésors dans cette montagne, & que dans une fouille générale on parviendroit à les trouver. (*Voyez d'ailleurs le Supplément*), formé de deux morceaux qui m'ont été adressés de Constantinople.

Les principaux fleuves de la Romanie, en commençant vers l'Est, sont :

Le *Mariza* (2), qui commence au Nord, coule au Sud-Est, jusqu'à Andrinople, puis se jette par le Sud, dans la mer, au Nord-Ouest du petit golfe de Saros.

---

(1) J'ai pris ce fait dans Büching : je n'ai trouvé personne qui pût m'en garantir la vérité.

(2) L'Hèbre.

Le *Strumona* (1), ou rivière d'*Iamboli*, qui coule auſſi du Nord au Sud, & ſe jette dans le golfe de Conteſſa, au Nord-Oueſt de l'Aghion-oros.

Le *Vardari* (2), à l'Oueſt du précédent : il ſe rend dans le golfe de Saloniki, appelé chez nous golfe de *Teſſalonique*.

Le *Iénicora* (3), ou rivière de *Platamona*, qui s'étend de l'Oueſt à l'Eſt, aſſez près des frontières de la Roum-ili & de l'ancienne Theſſalie.

En général l'air y eſt froid, à cauſe de la grande quantité de montagnes : il eſt tempéré vers la mer Noire, mais il n'y eſt pas fort ſain. Il y a des plaines fertiles en bled, & beaucoup de lieux abondans en pâturages.

On y trouve des mines d'argent, de plomb, d'alun, &c.

La Roum-ili eſt gouvernée par trois Sandgiacs, ce qui forme autant de départartemens. Mais comme il n'eſt pas bien important de ſuivre ici cette ſubdiviſion, je me contenterai d'en nommer les principales villes.

_____

(1) Le Strimon.
(2) Axius.
(3) Haliacmon.

CONSTANTINOPLE (1), dit un Auteur moderne (2), a l'air d'être la Capitale du Monde. En effet, il n'est point de ville située plus avantageusement, ayant un Port plus vaste, un aspect plus imposant & plus majestueux. Baignée par la mer de Marmara, au Sud, elle a, au Nord-Est, son Port formé par un bassin magnifique ; de l'autre côté du Port, sont plusieurs lieux, appelés en général *ses fauxbourgs*, & dont je parlerai ensuite.

Elle fut bâtie, comme on l'a vu, par Constantin, d'où lui est venu son nom de Constantinople : les Turcs l'appellent *Stambol* (3). Comme elle occupe sept collines, les rues sont fort montueuses, & l'on ne pourroit s'y promener en voiture. Les maisons n'y sont pas hautes, & sont peu ornées à l'extérieur ; celles des gens riches le sont beaucoup en dedans. Le Palais du Grand-Seigneur, appelé *Sérail*, occupe

---

(1) Bysance.
(2) M. le Roy, de l'Académie des Belles-Lettres, &c. dans sa magnifique *Description des plus beaux monumens de la Grèce*, 2 vol. *in-fol.*
(3) Les Turcs appelèrent d'abord Constantinople *Istambol*, nom corrompu du grec εἰς την πολιν, mots par

DE LA TURQUIE D'EUROPE. 127
la pointe orientale, c'est un vaste bâtiment formé de la réunion de plusieurs bâtimens différens. Sa première entrée porte le nom de *Sublime Porte*. Les Mosquées, lieux destinés, chez les Mahométans, aux exercices spirituels, y sont en fort grand nombre. Les plus belles sont : celles de Sainte-Sophie, de Solyman, de Sultan Achmed, de Sultan Bajazed, &c. Les Grecs & les Arméniens y ont aussi des Eglises. La place nommée *Atméïdan* est l'ancien *Hippodrome*, & ce nom moderne a le même sens que l'ancien : cette place sert, comme autrefois, aux courses des chevaux. On y trouve beaucoup d'autres objets, faits pour piquer la curiosité, & qui seront indiqués dans le beau plan, & dans la description qu'en doit donner M. le Comte de Choiseul - Gouffier (1). La

---

lesquels on exprime en grec *aller vers la ville*. Ils avoient pris cette expression dans la bouche des Grecs, pour le nom même de la ville. Ils corrompirent ensuite ce premier nom, & firent *assistânbol*, ou *ville de la porte* : *assistân* signifie *le seuil de la porte*. Ils la nommèrent aussi *Islambol*, ou *ville de la foi* ; mais celui de *Stambol* est le plus en usage.

(1) M. le Comte de Choiseul-Gouffier, actuellement ambassadeur de France à Constantinople, si recommandable par ses vertus, son zèle infatigable pour le progrès des Sciences, & les dangers auxquels il s'est exposé pour parvenir

nature de mon travail ne me permet pas de me livrer à des détails de cette étendue.

Pour aider à l'intelligence du peu que je puis dire de Constantinople, j'ai fait graver, sur un coin de la carte la figure de son enceinte. On voit que cette ville est, à-peu-près, renfermée dans un triangle. Un des côtés est, au Sud, baigné par la mer de Marmara. Ce côté commence, à l'Ouest, au Château des sept Tours. A la pointe de l'Est, se trouve le palais du grand Seigneur, qui comprend à-peu-près l'étendue de l'ancienne Bysance. Les Turcs le nomment *Séraï*, ou *Palais*; c'est d'après l'Italien *Seraglio* que nous disons *Sérail*. Cette pointe de l'Est laisse au Sud peu d'espace entre elle & l'Asie. Là, se trouve le *Kiosk*; c'est l'entrée du port. Ce port est formé par un petit golfe, que les Anciens nommoient *Cryso-céras*, ou *Corne d'or*. Cette épithète indiquoit sans doute les avantages d'une si heureuse situation; car le port est un des plus sûrs de l'univers, & l'un des mieux placés pour y recevoir des navires & des approvisionnemens. Lorsque les vents de Nord-Est donnent, ils ne permettent pas à la vérité aux vaisseaux qui viennent par la mer de Marmara d'entrer dans le port; mais ils amènent ceux de la mer Noire : & quand ceux-ci sont arrêtés par les vents d'Ouest & de Sud-Ouest, l'entrée du port est libre à ceux qui viennent par la mer de Marmara. Les eaux du port de Constantinople sont en grande partie formées par la mer, & en partie entretenues par celles d'un petit ruisseau que les Grecs appeloient aussi *Chryso-céras*, & que les Turcs appèlent *Souk-souiy* (1). Le côté du

publier la magnifique description de différens lieux de la Grèce & de l'Anadoli, m'a fait l'honneur de me montrer ce plan, qui est très-beau & très-détaillé. Je dois publier avec reconnoissance qu'il m'a permis de prendre dans son ouvrage les traits historiques qui pourroient rendre le mien plus utile & plus intéressant. J'en donne aussi un plan dans la seconde partie de mon Atlas.

(1) Ce mot signifie littéralement *froide son eau*, & se rend par *eau froide*.

Nord-Est

Nord-Eſt ſe termine au fauxbourg appelé *Eyup*, qui eſt hors de la ville. C'eſt dans la moſquée d'Eyup que ſe fait le ſacre du Grand Seigneur, qui conſiſte à ceindre ſolemnellement le ſabre de ſes prédéceſſeurs. La partie que l'on nomme *les Blaquernes*, eſt en dedans. Le troiſième côté de la ville s'étend depuis *Eyup* juſqu'au Château des ſept Tours, dont j'ai déja parlé.

M. d'Anville, qui a comparé l'étendue de Conſtantinople à celle de Paris, a trouvé, depuis le *Kiosk*, à l'Eſt, juſqu'à la porte *Dorée*, ou *porte Clouée*, comme diſent les Turcs, à l'Oueſt, 2300 toiſes. Paris, dans ſa plus grande longueur, depuis l'Obſervatoire juſqu'à la porte Saint-Martin, n'en a que 2000 : mais comme Paris eſt bien plus arrondi, il trouve dans ſon plan (qui ne comprenoit pas toutes les augmentations actuelles) 1160 carreaux eſtimés chacun de 50 toiſes quarrées, au lieu que le plan de Conſtantinople n'en contient que 850. Le reſte du calcul eſt aiſé à faire. Il s'enſuit que Paris eſt à Conſtantinople, à-peu-près, comme *onze* eſt à *huit*. Mais le ſérail comprend un eſpace de 160000 toiſes, ce qu'il faut encore ôter de l'étendue de la ville, au lieu que les Tuileries & le Luxembourg réunis n'en renferment que 69720. D'ailleurs, d'après un plan levé ſur les lieux, j'ai trouvé que l'étendue que M. d'Anville donne à Conſtantinople eſt au deſſous de l'étendue réelle. *Voyez* le plan des villes dans la ſeconde partie de mon Atlas.

De l'autre côté du Port, à l'Eſt, & au Nord-Eſt de la ville, ſont des fauxbourgs aſſez conſidérables.

Terſana, où eſt l'arſenal.

Caſſim-Pacha, où demeure le Capitān-Pacha.

Galata, étoit une petite ville, que les Latins, maîtres de Conſtantinople, avoient donnée aux Génois, & qui leur fut enlevée par Mahomet II, en 1453. Ce lieu est encore entouré de murailles. C'est-là principalement que demeurent les marchands des différentes nations, qui s'y trouvent plus à portée du Port. On y vend publiquement du vin; & les Turcs même y vont en boire.

Péra est à l'Est, baigné, au Sud, par le Bosphore. Sa situation élevée est fort agréable. C'est-là que demeurent les Ambassadeurs des Puissances Européennes. Le Palais de France est très-beau.

C'est dans un Couvent de Derviches, que l'on appelle *les Tourneurs* (1), qu'est enterré le fameux Comte de Bonneval, dont je vais donner ci-après l'épitaphe, autant à cause de l'événement auquel il a rapport, que pour donner une idée du style des Turcs, en ce genre d'inscriptions.

Top-Hana, ou *Maison du Canon*, est à l'Est, en continuant le long du Bosphore. Son nom lui vient de la fonderie de canons, établie en ce lieu. Les Turcs ont nommé le canon *top*, d'après l'effet de cette arme : & ils ont emprunté le

---

(1) On les nomme ainsi parce que l'un de leurs exercices est de tourner sur eux-mêmes aussi long-tems que l'exige la volonté de leur Supérieur.

nom *hana*, ou plutôt *Khana*, en le corrompant du Persan *khanè*, qui signifie *maison* dans cette Langue.

ÉPITAPHE de M. le Comte DE BONNEVAL, mort à Constantinople, sous le nom d'AHMED-PACHA, Coumbardgi-Bachi, ou Chef des Bombardiers, le 23 Mars 1747.

BONNEVAL AHMED-PACHA, connu de toute la terre, abandonna son patrimoine pour embrasser la foi mahométane.

Il s'acquit, à la vérité, un renom parmi les siens; mais, en venant chez les Musulmans, il y gagna la gloire & l'éternité.

Ce fut un sage du siècle, qui en avoit éprouvé la grandeur & la bassesse, & qui, connoissant le bien & le mal, distingua la beauté de la laideur.

Pleinement persuadé de la caducité des choses de ce monde, il épia l'heureux moment de passer à l'éternité. (*Cette pensée est expliquée à la strophe suivante.*)

Et but le Calice la nuit d'un vendredi, qui se rencontra la nuit (*de l'anniversaire*) de la naissance du plus glorieux des Prophètes.

Ce fut l'heureux tems qu'il choisit pour se rendre à la miséricorde, & passa sans hésiter de cette vie à l'autre.

La prière que j'ai faite pour lui, fixe dans l'étiostiche (ou *vers d'année*) suivant l'époque de son trépas.

Que le Paradis soit le lieu du repos de Bonneval Ahmed-Pacha, le 12 de la lune de Rébī-evvel, 1160 de l'Hégyre.

Que l'on récite pour l'amour de Dieu l'exorde de l'Alcoran, pour l'amour d'Ahmed-Pacha, Chef des Bombardiers.

Cette prière m'a été communiquée par feu M. le Grand, interprète du Roi pour les Langues orientales, & l'un des savans hommes que la France ait jamais produit en ce genre. Je dois beaucoup d'autres inſtructions ſur le Levant à ſon amitié obligeante, auſſi bien qu'à M. Ruffin, ci-devant Conſul en Crimée ; & à M. Dijon, qui a été premier interprête du Caire.

Quant à l'épitaphe de M. le Comte de Bonneval, elle eſt écrite ſur une pierre élevée perpendiculairement aux pieds de ſa tombe. Au chevet, eſt une autre pierre élevée de même, qui ſoutient un turban. On jugera, par cette pièce, du goût des Turcs pour le ſtyle lapidaire. Le poëte (car elle eſt en vers) dit qu'il a fixé l'époque de ſa mort dans une *étioſtiche*, parce que ce vers eſt compoſé de lettres numériques, qui donnent l'époque rendue ici en chiffres. Cet uſage étoit connu des anciens Grecs, & c'eſt d'eux que j'ai emprunté le mot *étioſtiche*.

Le canal de Conſtantinople, que nous appelons auſſi le *détroit*, communique de la mer de Marmara à la mer Noire. Il eſt bordé, de chaque côté, de maiſons de campagnes, qui préſentent aux yeux l'aſpect le plus riant & le plus magnifique : elles s'étendent ainſi juſqu'au débouquement du détroit dans la mer Noire. C'eſt-là que ſe trouvent un fanal, les reſtes d'un monument appelé *la tour de Pompée*, & les rochers que les anciens appeloient *Cyanées*. La maiſon de M. l'Ambaſſadeur de France eſt à Tarapia, poſition infiniment agréable : la vue y porte par le détroit, juſqu'au de-là de la mer Noire.

ANDRINOPOLE (1), au Nord-

---

(1) Adrianopolis.

Oueſt de Conſtantinople, ſur le *Marizza* : elle eſt grande, riche, aſſez belle, & partagée en vieille & en nouvelle ville. On y voit de belles Moſquées ; & le Baſar, c'eſt-à-dire, le lieu où ſont les boutiques des Marchands, renferme des magaſins fort riches. Comme l'air y eſt très-tempéré, le Grand-Seigneur y paſſoit autrefois pluſieurs mois de l'année : depuis quelque tems il paroît avoir renoncé à cet uſage. Son Palais y eſt dans une ſituation très-agréable. Les environs de la ville abondent en vins & en fruits.

PHILIPPOPOLI (1), au Nord-Oueſt d'Andrinople, eſt auſſi ſur le *Marizza*, vers ſa ſource, & ſur les ſommets de deux montagnes. Elle eſt aſſez grande, & n'eſt point entouré de murailles. C'eſt une des premières poſſeſſions des Turcs en Europe : ils la prirent en 1360. Il croît beaucoup de riz dans ſes environs.

SOPHIA (2), ou SOPHIE, au Nord-Oueſt de Philippopoli, ſur la *Boïana*, petite rivière qui ſe rend à l'Eſt dans l'Esker. Cette ville eſt indiquée, dans les

---

(1) Philoppopolis.
(2) Près des ruines de Sardique.

livres de Géographie, comme Capitale de la Bulgarie : cela doit s'entendre d'une ancienne division. Mais une preuve que les Turcs la regardent comme appartenant à la Roum-ili, c'est qu'elle est la résidence du Beyglerbey de Roum-ili. Elle est grande, bien peuplée ; mais les rues sont étroites, inégales, sales, & seulement pavées le long des maisons : chacune de ces maisons a un jardin. Les Juifs & les Arméniens y font un grand commerce.

Dans la partie méridionale, on trouve une presqu'île que les Anciens nommoient *Cherfonèse de Thrace*.

GALLIPOLI (1), est sur une petite péninsule qui resserre le détroit. C'est la première ville où les Turcs s'établirent en Europe, l'an 1357.

Le détroit porte le nom des *Dardanelles*, petits châteaux qui en défendent le passage. Ils étoient en fort mauvais état, lorsque dans ces derniers tems ils ont été rétablis par les soins de M. le Baron de Tott. Ces châteaux sont défendus par des canons fort gros, mais assez courts : ils tirent à boulet quand un

---

(1) Callipolis.

Bâtiment de Roi ou une Frégate passe, & que l'on est convenu du salut : usage ridicule, & qui seroit fort dangereux, si les canoniers étoient moins mal-adroits : les boulets passent réellement par-dessus le Bâtiment. Mais une preuve que c'est un honneur, c'est que l'on traite de même le Capitān-Pacha. Les boulets sont de pierre d'environ 2 pieds $\frac{1}{2}$ de diamêtre, & la batterie est à fleur d'eau : aussi est-elle souvent dans l'eau, qui entre par les embrâsures, lorsque l'on a le vent de Sud, celui-là même qui favorise le passage du détroit. Il est arrivé plus d'une fois que le Commandant de cette batterie a voulu la faire jouer sur des Vaisseaux ou des Frégates que le vent portoit dans le détroit & qu'il ne l'a pu, parce qu'elle étoit submergée.

La partie occidentale de la Roum-īli répond à l'ancienne Macédoine, & porte le nom de *Makidunia*. On y trouve :

SALONIKI (1), au fond d'un golfe, & dans une excellente position pour le commerce. Cette ville est assez grande & fort ornée d'anciens monumens. Les

---

(1) Thessalonique.

Eglises, qui y étoient fort belles, ont été changées en Mosquées. C'est la résidence d'un Pacha & le siège d'un Archevêque grec. La nation Françoise y a un Consul (1). (*Voyez* le Supplém., n°. II.)

DE L'ALBANIE (2).

L'Albanie est située à l'Ouest de la Roum-ili, & s'étend en latitude, depuis le 29ᵉ deg. 20 m., jusqu'au 43ᵉ deg. 10 m. Elle est comprise entre les 37 & 39ᵉ deg. de longitude.

Ce pays répond à l'Illyrie & à l'Epire.

Il touche à *la Grèce*, par le Sud, & à *la Dalmatie*, par le Nord : le golfe de *Venise* le baigne à l'Ouest.

Ses principaux fleuves sont :

Le *Drin noir* (3), qui vient d'un petit lac, près d'Akrida ; il remonte au Nord se joindre au *Drin blanc*.

---

(1) Je me borne à ce petit nombre de villes, comme à celui auquel il convient de s'arrêter dans les meilleures éducations. Les excellentes Cartes de M. d'Anville & les Dictionnaires offriront les noms, les positions & les descriptions des autres lieux dont on pourroit avoir besoin.

(2) Anciennement l'Epire.

(3) Drile, ou Drilus.

DE LA TURQUIE D'EUROPE. 137

Le *Drīn blanc* (1), commence en Servie au Nord de l'Albanie, coule au Sud-Est, reçoit le *Drīn noir*, puis coule par le Sud-Ouest dans le golfe de Venise à Alesio : un petit enfoncement, dans les terres, porte, à cette embouchure, le nom de *Golfe-du-Drīn*.

Cette province est divisée par les Turcs en trois Sandgiacats ; mais au lieu de suivre cette division, qui appartient à leur gouvernement, je diviserai l'Albanie en parties *septentrionale* & *méridionale*.

La partie méridionale répond à l'ancienne Epire, & renferme, entre autres villes, en commençant par le Sud (2)

LA VALONA (3), ou AWLON. Elle a donné son nom au territoire dans lequel elle est située. Elle a un port sur un petit golfe, mais il passe pour être peu sûr. Après avoir été disputé entre les Vénitiens & les Turcs, elle est enfin demeurée à ces derniers, depuis 1691.

---

(1) Drinus.

(2) Je ne parle pas de *Butrinto*, ou, comme on dit dans le pays, *Bucintro*, qui est plus au Sud de *Prévessa*, & de *Vonizza*, parce qu'elles appartiennent aux Vénitiens, en conséquence du traité de Passarovitz de 1718. (*V.* Part. ITALIE MOD.)

(3) Aulon.

Durazzo (1), ou Duradsch est au Nord de la Valona, aussi sur le bord de la Mer.

Cette ville est fort ancienne ; elle a un port & un château. Les catholiques grecs qui s'y trouvent, sont sous la protection d'un Archevêque latin.

Alesio (2), ou Alessio, au Nord, à l'embouchure du Drīn noir & près du golfe de Drīn. Cette ville, qui a un assez bon port, est célèbre, sur-tout, par la mort du héros Georges Castriot, surnommé Scanderbeg, en 1467 : il y est enterré.

C'est au Sud d'Alésio qu'étoit la forteresse de *Croïa*, à la faveur de laquelle ce héros défendit si vaillamment son pays : elle est actuellement ruinée (3). Scanderbeg y avoit pris naissance.

Dulcigno (4), au Nord-Ouest, aussi sur le bord de la Mer. Elle a un bon port & un château fortifié. C'est le siège

---

(1) Dirrachium.
(2) Lissus.
(3) C'est une chose étonnante ; le savant & très-laborieux Büching parle de cette place comme d'une ville encore existante. Nos livres modernes de Géographie sont pleins d'erreurs de ce genre. Mais je préviens que je n'en releverai plus : je ne voudrois être qu'utile, on me croiroit méchant.
(4) Olcinuim.

d'un Evêque catholique romain. Ses habitans sont fort adonnés à la Pyraterie, & c'est chez eux un état presque aussi honnête, que le commerce l'est ailleurs.

SCUTARI ou ISCODAR, selon les Turcs, est vers le Nord-Est de Dulcigno, au Sud d'un lac de son nom : son château est sur une montagne. Elle est regardée comme la Capitale de l'Albanie : elle est grande, bien peuplée ; c'est le siège d'un Pacha & d'un Evêque catholique romain. Elle a passé en 1479, des Vénitiens aux Turcs, qui l'avoient assiégée inutilement en 1577 & 1578.

Les Albanois, ou, comme disent les Turcs, les Arnāouts, sont fort courageux. Les Russes qui en ont vu quelques corps dans leurs armées les ont mal connus, & les ont mal fait connoître à l'Auteur estimable, & d'ailleurs fort instruit, de la dernière guerre des Russes & des Turcs. Je vais tâcher d'en donner une idée plus juste.

Le nom d'*Arnāout* emporte véritablement une idée de mépris chez les Turcs, & en général cette nation n'y est pas très-considérée. En Albanie, les Arnāouts sont un composé de deux nations, l'une Grecque, l'autre Turque.

Ceux qui sont Grecs, non moins guerriers que les autres, sont toujours prêts à prendre les armes contre les Turcs sitôt que quelque guerre leur en présente l'occasion ; & c'est-là ce qui a fait dire aux Russes & aux Ecrivains qui ont parlé d'après eux, que les Arnāouts faisoient la guerre aux Turcs dès qu'ils en avoient l'occasion.

Les Arnāouts Turcs vivent très-bien avec eux, occupent

dans leurs maisons des emplois subalternes, &c. Les Bostangis ou Jardiniers du grand Seigneur sont presque tous Arnāouts; & ceux qui cultivent les jardins, comme ceux qui se livrent à la profession des armes, exercent volontiers & presque par-tout la fonction de bourreau, qui n'est pas, il est vrai, flétrissante dans le Levant, ainsi qu'elle l'est chez nous. Leurs armes sont le fusil, le pistolet, le sabre & un grand couteau: quelques-uns portent des haches d'armes, des cuirasses écaillées & des cottes de mailles. Leur habillement est à-peu-près celui des Turcs; mais au lieu de turban, ils ont des bonnets fourrés, comme ceux des Francs qui habitent Constantinople. On voit sur leurs enseignes la croix & le croissant. Les Russes en avoient un corps assez considérable dans leur dernière guerre contre les Turcs, & il paroît qu'ils ont influé sur le succès de plusieurs actions dans lesquelles ils ont montré le plus grand courage.

DE LA DALMATIE (1).

La Dalmatie s'étend le long de la côte, au Nord-Ouest de l'Albanie, à-peu-près depuis le 42e deg. 30 m., de latit. jusqu'au 43e deg. 30 m.

Elle est partagée entre trois puissances: 1°. la Turquie; 2°. la République de Raguse; 3°. la République de Venise.

DALMATIE TURQUE.

La rivière de *Narenta* est la plus considérable de ce pays; on ne la remonte pas

---

(1) Partie de l'Illyrie.

en bateau jusqu'à Moſtar, comme quelques Auteurs l'ont écrit. Cette rivière eſt très-poiſſonneuſe.

Mostar, ſur la gauche de la Narenta, en eſt la principale ville ; elle eſt cependant peu conſidérable : on y voit un pont qui eſt l'ouvrage des Romains (1). Elle peut paſſer pour la principale ville d'une diviſion de ce pays, appelée autrefois *Duché d'Herzegowina*. Je crois pouvoi raſſurer que l'Officier Turc qui gouverne la province, y fait ſa réſidence.

De la Dalmatie Ragusienne et Vénitienne.

Il en ſera parlé à la ſuite des poſſeſſions des Vénitiens, dans la deſcription de l'Italie. Je tâcherai même de rendre cet article intéreſſant, en y donnant une idée des mœurs & des uſages des Morlaques, que M. l'Abbé Fortis vient de nous faire connoître beaucoup mieux qu'aucun des Auteurs qui l'ont précédé.

De la Croatie.

La Croatie eſt un petit pays, en remontant vers le Nord-Oueſt. Elle eſt partagée en Croatie Autrichienne, & en Croatie Turque.

―――――――――――――

(1) C'eſt de ce monument que s'eſt formé ſon nom. *Moſt-ſtari*, en Eſclavon, ſignifie *pont ancien*.

On ne parlera point ici de la première.

CROATIE TURQUE.

Cette partie de la Croatie est appelée par Büsching, Illyrie Turque ; mais comme le nom d'Illyrie appartient à la Géographie ancienne, je ne m'en servirai point ici.

La Croatie Turque est entre la Bosnie, à l'Est, & la Murlakie ou Murlaka, à l'Ouest.

Sa principale rivière est l'*Unna*, qui commence au Sud, & remonte par le Nord-Est, se jeter dans la Save.

BIHACZ, appelée aussi Wihits & Wihatscht, en est la Capitale : elle est dans une espèce d'île, formée par l'Unna. C'est une place forte. Les Turcs n'en prirent possession qu'en 1592.

DE LA BOSNIE.

Ce petit pays, qui a porté le nom de Royaume, a, au Nord la Save; à l'Est, le Drin ; au Sud, la Dalmatie, & à l'Ouest une partie de la Dalmatie, & une autre de la Croatie.

DE LA TURQUIE D'EUROPE. 143

Ce pays est montagneux, mais son terroir est favorable à l'Agriculture. Il produit du vin & des pâturages; on y nourrit beaucoup de bétail. Ses montagnes renferment quelques mines d'argent.

Ses principales rivières sont,

La *Verbas*, qui la sépare de la Croatie.

La *Bosna*, qui paroît lui avoir donné son nom.

Ces deux rivières coulent du Sud-Ouest au Nord-est, & se jettent dans la Save.

Le *Drin* (1) différent des deux précédens, & commençant au Sud, en Servie, à l'Est du Drin blanc, dans une vallée appelée po-Drina.

Ce pays est divisé en trois Sandgiacats: on y trouve deux villes un peu considérables.

BANIA-LUKA, que dans l'usage ordinaire on nomme Bagnialouk. Elle est sur la Verbas, & défendue par une forteresse. On la regarde comme la capitale du pays, depuis que le Pacha, qui commande à toute la province, y fait sa résidence. Il se donna, près de ses murs, une bataille considérable en 1737, entre les Chrétiens & les Turcs.

---

(1) Drinus.

BOSNA-SÉRAÏ ou SÉRAÏO, au Sud-eſt de Bania-luka, ſur la Boſna. Elle eſt grande & aſſez marchande : c'étoit autrefois la Capitale de la Boſnie. Les Impériaux la brûlèrent en 1697.

On a vu précédemment que ce pays avoit formé un petit royaume. Ses habitans ſont originaires Eſclavons, & en parlent la Langue. Quoique le Mahométiſme s'y ſoit introduit, on y profeſſe toujours publiquement la religion grecque. Le Ban, c'eſt ainſi que l'on nommoit le petit ſouverain de ce pays, étoit allié de la Hongrie, avant la conquête des Turcs, dans les années 1463 & 1489. Les Bochnaks, c'eſt-à-dire, *les habitans de la Boſnie*, ſont aſſez peu connus chez nous ; mais ils ſont très-eſtimés, & avec raiſon, dans le Levant. C'eſt une nation courageuſe, fidèle, inviolablement attachée à ſes devoirs, & ſuſceptible de toute la diſcipline militaire. Je ne puis me refuſer au plaiſir de rapporter un trait qui les fera mieux connoître que des éloges vagues & plus étendus.

Lorſque le Grand Seigneur fit marcher, dans la dernière guerre, un corps de trente mille Bochnaks, il leur fit promettre avec ſerment qu'ils ne reverroient ni leurs femmes ni leurs familles qu'ils n'euſſent chaſſé les Ruſſes des rives du Danube. On ſe battit ; on traita de la paix ; on la conclut : cependant les Ruſſes étoient encore maîtres du pays que l'on avoit d'abord projeté de leur faire abandonner. Mais les deux puiſſances étoient d'accord : le Grand Seigneur fit dire aux Bochnaks qu'ils pouvoient retourner chez eux. Ces braves guerriers croyant leur honneur compromis par une retraite qui leur faiſoit fauſſer leur ſerment, vouloient abſolument combattre, & combattoient en effet en faveur des Turcs contre les Ruſſes. Il fallut, pour les amener à céder, les diviſer par petits corps, & même en laiſſer battre pluſieurs, pour leur ôter toute eſpérance de ſuccès. On rapporte auſſi que dans le cours de cette guerre, un corps de ſix mille Bochnaks, occupant un défilé, écrivit au commandant

dant de l'armée Turque : « Soyez sûr que nous pouvons » fermer ce passage jusqu'à demain midi, & que quand » l'ennemi l'aura forcé, il n'existera plus aucun de nous ». Ils tinrent parole, & se battirent avec cette valeur qui a fait la réputation de Léonidas & de ses Spartiates, morts sur le champ de bataille à la défense des Thermopyles.

DE LA SERVIE (1).

La Servie a la Save & le Danube au Nord; une petite partie de la Valakie & de la Bulgarie à l'Est; au Sud, une partie de la Roum-ili & de l'Albany; & à l'Ouest, la Dalmatie.

Ses principales rivières sont,

La *Save* (2), qui vient de la Carniole à l'Ouest, & se jette dans le Danube à Belgrade.

Le *Danube* (3), qui a déja été nommé entre les principaux fleuves de l'Europe.

Ce fleuve mérite d'être étudié ici : 1°. parce qu'il reçoit la *Save* à Belgrade; 2°. parce qu'à l'Est d'une petite ville, nommée *Kolumbocz*, il coule entre des rochers, & ne présente qu'un passage fort dangereux. Un peu plus bas, on trouve du côté de la Servie un haut rocher qui, s'avançant dans ce fleuve, est frappé par ses eaux avec un grand bruit; les eaux sont repoussées

---

(1) Partie de la Mœsie.
(2) Savus.
(3) Ister & Danubius.

vers les rochers qui bordent l'autre rive, du côté de la Valakie : ce paſſage eſt fort dangereux. 3°. Encore plus bas, le fleuve, en s'avançant au Sud, eſt reſſerré entre des montagnes, & coule ſur des pointes de rochers : cet endroit forme des *cataractes*, & en porte le nom : les Turcs le nomment *Demir-Capi*, ou *portes de fer*, parce que l'on prétend qu'il fut autrefois fermé par une chaîne de ce métal. Cet endroit eſt d'une navigation très-difficile, ſur-tout quand on remonte le fleuve, ce qui ne peut alors ſe faire que par le ſecours d'un vent très-fort. Les Impériaux, faute de ce ſecours, furent obligés d'abandonner le fleuve, & de couler à fond leurs bâtimens, en 1737. 4°. Dans un endroit de ce fleuve, au Sud, ſous le 40ᵉ degré de longitude, on voit les ruines du pont conſtruit par l'Empereur Trajan, & que l'on reconnoît très-bien pour être celui dont parle Dion. Les meſures priſes entre les piles donnent une étendue de 515 ou 520 toiſes, ce qui ſe rapporte exactement aux meſures données par l'Hiſtorien grec. Selon M. le Comte de Marſigli, ce pont avoit vingt-trois arches : il étoit de chêne, revêtu de maçonnerie & de briques. L'empereur Adrien le fit détruire, de peur que les Barbares ne s'en ſerviſſent pour entrer dans les terres de l'Empire : c'eſt qu'alors il abandonnoit la Dacie.

La *Morava* (1), ſurnommée de *Servie*, qui eſt formée de deux rivières du même nom ; la Morava coulant de l'Oueſt à l'Eſt ; & la Morava de Bulgarie venant du Sud : réunies, elles coulent au Nord, & ſe jettent dans le Danube.

Ce pays n'eſt pas peuplé, à proportion de ſon étendue ; mais ſa ſtérilité n'eſt guère

---

(1) Margus.

qu'une suite de l'état d'aviliſſement dans lequel vivent ſes malheureux habitans.

La *Servie* eſt diviſée en quatre Sandgiacats : ſes villes principales ſont ;

BELGRADE (1), *Capitale*. C'eſt une ville célèbre par les ſièges qu'elle a ſoutenus ; & importante par ſa ſituation, au confluent de la Save & du Danube : elle fut longtemps le rempart de la Hongrie, contre les attaques des Turcs. Mahomet II en avoit tenté inutilement la conquête : elle ne tomba au pouvoir des Turcs, pour la première fois, qu'en 1521, ſous le règne de Soliman II. Diſputée fréquemment depuis entre les Hongrois & les Turcs, elle eſt enfin demeurée à ces derniers en 1739. Les Turcs y ont ſuccédé aux Chrétiens ; les Moſquées, aux Egliſes. Tout ce qui ſe tranſporte par terre ou par eau, de Vienne à Conſtantinople, étant obligé de paſſer par cette ville & d'y payer un droit, on en fait monter le produit à plus de quatre cens mille livres.

SÉMENDRIA ou SPENDEROW (2), à l'Eſt, ſur la rive méridionale du Danube,

---

(1) Singidunum.
(2) Aureus Mons.

étoit autrefois la Capitale de la Servie & le séjour du Despote. C'étoit le siège d'un évêché considérable. Son nom signifie, *ville de S. André.*

PASSAROWITZ, à l'Est, n'est considérable, que par la paix qui y fut conclue en 1718, entre l'Empereur Charles VI & le Sultan Achmet III. Ce lieu est sur la Morava. Par cette paix, l'Empereur obtint une assez grande partie de ce pays; mais la totalité en fut cédée aux Turcs par la paix de Belgrade en 1739.

C'est dans la partie méridionale que se trouve la plaine de *Cassovo*, & qui est d'une grande étendue, où les Turcs donnèrent deux batailles fameuses dans leur histoire. Amurat, ou Murad I, gagna la première de ces batailles, en 1389, & fut tué par un Bulgare : on y voit encore son tombeau. La seconde fut gagnée, en 1447, par Amurat II.

Les Turcs appellent ce pays *la province de Lass*, parce que le prince Lass, ou Lazare, en étoit despote lorsqu'ils la conquirent en 1365. Il comprend l'ancienne Rascie, qui a fait quelque tems un Etat particulier. Quoiqu'il y ait beaucoup de Mahométans, les Serviens & les Rasciens, car on distingue encore ces deux peuples, sont de l'Eglise grecque. On y fabrique beaucoup d'ouvrages de coton, soit en toiles, soit en autres étoffes.

La Servie, dans sa partie orientale, porta d'abord le nom de *Mœsie;* sa partie méridionale, répondant à la Rascie, celui de *Dardanie* : sa partie orientale fit partie de la *Dacie Auréliane :* & toute entière, elle fut comprise sous le nom de *Mœsie supérieure.*

DE LA BULGARIE (1).

La Bulgarie s'étend au Sud du Danube, depuis la Servie, jusqu'à la Mer Noire : elle a au Sud, la Roum-ili, dont elle est séparée par une grande chaîne de montagnes.

Son principal fleuve est,

Le *Danube* dont la courbure vers le Sud, donne à ce pays la forme d'un croissant : la plupart des autres coulent du Sud au Nord, & se rendent dans le Danube.

Au pied des montagnes qui séparent, à l'Ouest, la Bulgarie de la Servie, il y a une source d'eau tiède thermale ; & à peu de distance, une source très froide. On trouve, dans quelques descriptions, qu'elles contiennent du soufre ; mais comme le soufre ne se dissout pas dans l'eau, il faudroit pouvoir en donner une meilleure analyse.

Le pays est fort montagneux, & quel-

---

(1) Mœsie inférieure.

ques-unes de ses montagnes sont arides à leur sommet : mais les plaines sont très-fertiles en bled. Il y a beaucoup de côteaux qui portent des vignes, & des montagnes qui donnent des pâturages.

On y trouve des aigles fort grands que l'on chasse, & de la queue desquels on prend douze plumes, pour armer les flèches dont se servent les Tartares : aussi chacune de ces plumes est-elle chère.

Ceux qui mettent Sophia dans la Bulgarie, la divisent en quatre Sandgiacats ; mais comme le Beylerbeyi de Roum-ili réside à Sophia, & que les Turcs la regardent comme appartenant à cette province, je me conforme à la Carte de M. d'Anville, & je n'admets la division de la Bulgarie qu'en trois Sandgiacats.

Ses principales villes sont,

NICOPOLI (1), capitale, au Nord sur le Danube, assez loin de la mer à l'Ouest. Elle a donné son nom à la première bataille malheureuse des Chrétiens, commandés par Sigismond, depuis Empereur, contre les Turcs, commandés par Bajazet, en 1396. Elle est grande & défendue par un château.

---

(1) Nicopolis.

DRISTRA (1), à l'Eſt, près du Danube : elle eſt fortifiée : c'eſt le ſiège d'un Métropolitain grec : il y a peu de Turcs dans cette ville.

TERNOBO ou TERNOW, au Sud, étoit autrefois la Capitale de la Bulgarie; elle a bien perdu de ſa force & de ſon ancienne grandeur; elle eſt fort médiocre. Le Patriarche de la Bulgarie y réſide.

Sur les bords de la Mer Noire on trouve.

VARNA (2), au fond d'un petit golfe. Elle eſt célèbre par la victoire que le Sultan Amurat y remporta, en 1444, ſur Uladiſlas, Roi de Hongrie. C'eſt le ſiège d'un Métropolitain grec.

MANKALIA (3), au Nord, appelée auſſi Tomiſwar, étoit autrefois le lieu le plus conſidérable de la petite Scythie : c'eſt aujourd'hui fort peu de choſe.

M. Büſching dit que le pays de Dobruſche, ou la Dobrudzie, qui s'étend depuis Driſta juſqu'aux embouchures du Danube, eſt une étendue de terrein plat, qu'aucune eau ne coupe, qu'aucun bois n'interrompt. Sans

---

(1) Doruſterus.
(2) Odeſſus.
(3) Calitis.

doute il en excepte le *Kara-fou*, ou l'*Eau noire*, espèce de lac assez considérable. Ses habitans, Tartares d'origine, sont célèbres par leur penchant à l'hospitalité. Ils renouvellent le tems des Patriarches, & ne laissent passer chez eux personne sans que le père de famille ne le presse d'entrer, & ne nourrisse pendant trois jours le voyageur, ses gens, & ses chevaux. La nourriture la plus en usage est du pain assez bon, des œufs & du miel.

DE LA VALAKIE (1).

La Valakie ou Valaquie, est à-peu-près de forme ovale; sa partie méridionale est bornée par une espèce de ceintre, que forme le Danube qui, à partir, à l'Ouest, du 40ᵉ deg. de longitude, s'avance, par un circuit assez doux, de la hauteur du 45ᵉ deg. de latitude, jusqu'au 45ᵉ deg. 50 m., se dirige vers l'Est; puis, à partir du 44ᵉ deg. 30 m. de longitude, remonte, par un circuit assez doux, jusqu'au 43ᵉ d. de latitude : après quoi il tourne, assez directement, vers l'Est, pour aller se rendre dans la Mer Noire, par plusieurs embouchures.

Depuis le 40, jusqu'au 44ᵉ d. la Valakie a, au Nord, des montagnes, formant aussi le centre, mais dans un sens contraire au Danube: au Nord-Est, quelques mon-

_____
(1) Partie de la Dacie.

tagnes & un petit fleuve, le Milcovo, qui fe rend dans le Siret, la féparent de la Moldavie.

Sa longueur, de l'Oueft à l'Eft, eft de 90 lieues, de 2500 toifes (1); & fa largeur, de 45 environ.

Ses principales rivières, outre le Danube, font:

Le *Zyl*, dans la partie occidentale: il vient des montagnes de la Tranfilvanie, paffe à Tergozyl, & fe rend, au Sud, dans le Danube.

L'*Olt* ou l'*Alut* (2), qui vient auffi du Nord, & fe rend dans le Danube.

L'*Argis* (3), qui coule du Nord-Oueft au Sud-Eft, paffe à Argis, & fe rend dans le Danube, prefque fous le 44e deg. de longitude.

La *Proava* (4), qui coule dans le même fens, eft plus à l'Eft.

Remarque. Ce pays abonde en grains & en vignes. Le froment y produit vingt pour un; le feigle trente; l'orge cinquante & foixante. On n'y cultive pas l'avoine, &

---

(1) Je me conforme à l'échelle & aux dimenfions de l'excellente Carte de feu M. d'Anville.
(2) Aluta.
(3) Ardiefcus.
(4) Naporis.

l'orge y est préféré pour la nourriture des chevaux. On y fait d'excellens vins. On y trouve peu de vergers & de jardins : les arbres fruitiers y forment des bois entiers, la plupart sur les montagnes. Lorsque l'on transporte de ces arbres en plaine, ils donnent des fruits excellens. Les forêts y sont en grand nombre : le chêne qu'elles produisent est fort dur, & très-propre à la construction des vaisseaux. Les pâturages y sont excellens, & en abondance.

Il s'y trouve différentes espèces d'animaux, tels que des chamois, des chèvres sauvages, des cerfs, des chevreuils, des renards, des lièvres, des blaireaux, des martres, des putois, des loups & des ours. On y voit des troupes de chevaux sauvages que les petits Tartares chassent : ils mangent ceux qu'ils ont tués à coup de flèches, & dressent pour leur usage ceux qu'ils ont pris vivans, à la faveur des marais vers lesquels ils les poussent. Ces chevaux sont plus petits que les chevaux domestiques, mais ils ont le pied une fois plus large. On trouve aussi dans les forêts une espèce de bœuf sauvage, que l'on nomme *Tchimber* : il est aussi grand que le taureau, mais il a le corps plus svelte, les jambes plus longues & les cornes droites : il grimpe & saute les rochers avec l'agilité du chamois. Ces mêmes forêts renferment beaucoup d'abeilles, & l'on en retire avec abondance la cire & le miel. On y trouve une cire de couleur noirâtre, qui a l'odeur de l'ambre : les Turcs l'achètent fort cher.

Les rivières & les lacs y sont fort poissonneux.

On comprenoit aussi autrefois sous le nom de Valakie, la Moldavie, dont je parlerai bientôt : elle étoit dénommée la *grande*, & celle dont il est ici question, la *petite* : ces deux provinces sont aujourd'hui très-distinctes.

La Valakie se divise ordinairement en partie orientale & en partie occidentale, séparées entre elles par l'Alut, & que, par cette raison, on peut appeler, relativement à nous, *Cis-alutaine* & *Transalutaine*.

La Valakie occidentale, ou Cis-alutaine, n'a point de villes considérables. C'est à l'Ouest & au Sud de *Tchernez* ou *Czernez*, bourg assez bien peuplé, que se trouvent les ruines du Pont de Trajan (1).

La Valakie orientale renferme:

TERGOVISTO ou TERGOVISTE, ou TERVIS, regardée, par plusieurs Auteurs, comme la Capitale du pays: elle est sur le *Jalonitz*, qui se rend dans le Proava. Cette ville a quelques fortifications: les Turcs y font du commerce.

BUCCHORESTI, au Sud-Est, sur la Dumbrowitz, est la principale ville de la Valakie. Elle est la résidence du Souverain, appelé Waïvode, & le siège d'un Archevêque. Il y a dans cette ville une espèce d'Université ou d'Académie, comme on dit en Allemagne, où la jeunesse des Maisons riches prend quelque teinture des règles de la langue Valaque, & des vérités

---

(1) Cette partie, à la paix de Passarowitz, en 1718, avoit été cédée à l'empereur; mais il la perdit en 1739.

de la Religion. On y parle affez communément la Langue Italienne; mais c'eft à Padoue que la jeuneffe va l'apprendre.

Le nom de *Valaque* n'eft point celui que prennent les habitans de ce pays ; ils fe nomment *Roumouni*, ou Romains, & prétendent defcendre des anciens Romains établis dans leur pays. Le nom Valaque s'eft formé de *Vlah*, par lequel ceux qui parlent l'Efclavon défignent un Italien ou un Latin. M. de Kéralio (1) penfe que malgré leurs prétentions, ces Valaques defcendent des anciens habitans de la Dacie, & que leur langue eft celle de cet ancien peuple, augmentée des richeffes qu'elle a obtenues de fa communication avec les peuples voifins.

Ces peuples font confondus dans les Hiftoriens du Bas-Empire avec les Bulgares, & furent fouvent avec eux en guerre contre les Empereurs grecs. Les détails de leurs différentes entreprifes, & des fuccès qu'ils obtinrent, ne font pas de mon objet. Ils étoient avec les Romains, fous les ordres de Jean, roi de Bulgarie, lorfque celui-ci battit les Latins, fe rendit maître de Conftantinople, & fit prifonnier Baudouin, comte de Flandres, qui avoit été élu empereur. Ce malheureux prince, d'abord chargé de chaînes, fubit, quelque tems après, la mort la plus affreufe.

Dans le quatorzième fiècle, la Bulgarie & la Valakie

---

(1) Dans fon Ouvrage fur la dernière guerre des Turcs & des Ruffes. Cet Ouvrage, plein de recherches, & fait avec une érudition profonde & une critique judicieufe, m'a fervi dans ce que je dis de la Valakie & de la Moldavie. Cet Auteur eftimable, à toutes fortes d'égards, a bien voulu me communiquer des cartes & des papiers encore manufcrits, à la faveur defquels j'efpère n'avoir rien dit ici que de bien fûr. On regrette feulement qu'il n'ait pas plus connu la conduite des Turcs, afin de mieux completter ce qu'il fe propofoit de dire des opérations de ces deux nations.

furent foumifes aux rois de Hongrie. Enfin, la Valakie eut des fouverains à elle, connus fous le nom de Vaivodes ou de Hofpodars. En 1418, Mahomet II foumit ce pays, & lui impofa un tribut annuel. Je vais mettre ici un paffage pris dans l'Ouvrage de M. Peyffonel, qui fuffira pour donner une idée de ce que je puis faire connoitre touchant ce pays (1).

« Depuis que la Valachie a été démembrée du royaume » de Bulgarie, elle a formé deux Etats, qui ont été » gouvernés par des fouverains particuliers, & quelquefois » réunis fous un même prince.... Ils ont toujours été dé- » pendans & tributaires de quelque puiffance étrangère. » Ces deux Etats (la Valakie & la Moldavie) font au- » jourd'hui féparés, & le grand Seigneur nomme & deftitue » à fon gré les deux Vaivodes, qui ne font plus actuel- » lement que des efpèces de Pachas chrétiens. Ils font » choifis, pour l'ordinaire, dans quatre familles grecques, » qui mettent ces places à l'enchère, & font fans ceffe » occupées à fe les arracher ». Le premier Vaivode de la dernière famille avoit été Drogman à la Porte : il commença à régner en 1758.

« Ces Vaivodes n'ont que le nom de Pacha à trois » queues; mais ils jouiffent de certains droits honorifiques » que n'ont pas ceux-ci. Il y a une efpèce de Confeil » fouverain, compofé de vingt-quatre Boïards, qui repré- » fentent les anciens feigneurs du pays ». Tremblans aux moindres ordres des Turcs, ou aux menaces des Tartares, ils fe vengent fur les peuples de l'état d'abaiffement où ils font réduits, & tirent d'eux, par les plus violentes extorfions, de quoi fournir aux préfens confidérables qu'ils envoient continuellement aux grands de la Porte.

A fon avènement à la régence, le Vaivode paie au Grand Seigneur un demi-million de piaftres turques (2), & chaque année un tribut de deux cens mille.

Les Valakes fuivent la religion fchifmatique grecque; & non celle des catholiques latins *Papiftes*.

---

(1) *Obfervations hiftoriques*, &c. pag. 239.
(2) A-peu-près 3 livres.

En général, ils méprisent les sciences & les arts, & ne paroissent avoir de goût que pour les armes; mais leur génie est plus porté à la mollesse qu'à la guerre

Leurs habits sont tels que ceux de leurs ancêtres représentés, parmi les nations vaincues, sur la colonne trajane: ils ont une robe un peu courte, un petit manteau & un bonnet peu élevé. Leurs souliers sont une espèce de semelle de cuir, attachée avec des cordes.

Les femmes y sont toujours la tête couverte: ôter en public, & contre son gré, la coëffure d'une femme, seroit un crime digne de mort. Au contraire, il seroit honteux pour une fille de porter une coëffure. Les hommes se coupent les cheveux, & laissent croître leur barbe.

Je croirois manquer à ce que je dois à l'instruction de mes lecteurs, si, voulant abréger cet article, qui paroîtra peut-être un peu trop long, relativement aux autres, je le finissois sans dire un mot d'un peuple ancien, qui vit encore actuellement au milieu des Valaques, des Hongrois & des Moldaves. Ce peuple est nommé *Cingare*.

Ces Cingares, appelés par les Italiens *Tsingari*, par les Allemands *Tsigheuner*, & par les Turcs *Tchinguénès*, ou *Vagabonds*, sont connus en France sous le nom de *Bohémiens*, parce que ce fut de Bohême qu'ils y vinrent lorsqu'ils commencèrent à y être connus. Ces vagabonds, se donnant pour habiles dans l'art chimérique de deviner l'avenir, établissoient leur fortune & leur existence sur la crédulité & la superstition. Ils parurent successivement en différentes parties de l'Europe (1). Ils se dirent d'abord Egyptiens, ce qui peut faire croire que les premiers étoient Nubiens ou Coptes; mais dans la suite leur troupe fut augmentée des mendians de toutes les nations. Ils parloient d'abord une langue inconnue dans l'Occident. Dans la suite, on a trouvé qu'ils parloient l'allemand, le hongrois, l'esclavon. Ils étoient très-basanés, mal

---

(1) Sous le règne de l'empereur Sigismond, depuis l'an 1411, jusqu'en 1437, on les vit en Hesse en 1414, en Misnie en 1416, en Allemagne en 1418; à Augsbourg en 1416, à Basle en 1422, en France en 1427, & peu après en Espagne.

vêtus, & conduits par un chef. Quelques-uns d'eux alloient à cheval; mais le plus grand nombre étoit à pied. Ils alloient de province en province, & n'y revenoient que long-tems après en être sortis. On les craignoit par-tout comme des fripons: c'étoit les femmes sur-tout qui voloient, & qui faisoient ainsi vivre leurs maris & leurs enfans. Les souverains qui leur avoient d'abord accordé des passeports pour s'en débarrasser, comme leurs désordres s'augmentoient, & qu'ils infestoient tous les chemins, ont fini par les bannir. Il fut même défendu de leur donner un asyle; il fut ordonné de les chasser & de les poursuivre, même avec des armes, si cela paroissoit nécessaire.

Les Cingares, dit M. de Kéralio, établis dans la Valakie, se donnent pour être Chrétiens de la communion grecque; mais il paroît, par ce qu'en rapportent ceux qui les ont vu de près, qu'ils n'en ont qu'une connoissance bien vague. Il n'y a point de prêtres parmi eux; & leurs enfans sont ordinairement baptisés par eux dans le cabaret le plus proche de la maison où ils sont nés. Ils répudient leurs femmes pour les plus légères fautes. En général, les familles sont nombreuses & très-pauvres; à peine sont-ils à demi-vêtus. A la tête de la nation, est un chef, pris ordinairement dans les anciennes familles. Son pouvoir est fort borné. Quant à leurs loix, ils se conforment à la jurisdiction des pays où ils vivent.

Les Valakes méprisent plus les Cingares que par-tout ailleurs on ne méprise les Juifs: ils n'ont pas même pour eux les égards que les hommes, sans se connoître, ont les uns pour les autres. Ils ne les saluent point, leur parlent rarement: Ils agissent avec eux à-peu-près comme avec des brutes; & cette espèce d'homme, qui autrefois a épouvanté des provinces & des états entiers, est actuellement réduite à se tenir à l'écart, & à vivre, autant qu'elle le peut, dans la solitude des montagnes.

DE LA MOLDAVIE (1).

La Moldavie forme une espèce de

---

(1) Dacie Trajane.

quarré, un peu allongé du Nord-Ouest au Sud-Est : un des angles, porte au Sud, sur le Danube, au point où ce fleuve quitte la Valakie, presqu'au 44ᵉ deg. de latitude ; l'angle opposé touche au Nord, au 49ᵉ deg. Elle s'étend du Nord-Ouest au Sud-Est, depuis le 42ᵉ presque jusque au 48ᵉ degré de longitude.

Elle a plus de 80 lieues de long, sur 60 de large.

Ses bornes sont, au Nord, *la Pokucie* (province Polonoise), dont elle est séparée par des montagnes, & le *Dniester*, qui la sépare de la *Podolie* (autre province du même royaume). Ce même fleuve la borne au Nord-Est jusqu'un peu au-dessus de Bender. Là commencent les limites communes de la *Moldavie* & du *Boudgiac* (1) qui, avec le *Danube*, bornent la Moldavie au Sud-Est & au Sud.

Quelques montagnes, & la petite rivière de *Milkovo*, la séparent, au Sud-Ouest, de la *Valakie*. Des montagnes considérables, en remontant jusqu'au Nord-Ouest,

---

(1) Feu M. d'Anville, conformément à la prononciation esclavone, écrit *Budzac*. Il a rendu cette prononciation dans d'autres mots pour lesquels j'ai suivi la prononciation turque, la plus en usage dans le Levant.

la

la séparent de la *Transilvanie*, & d'une petite portion de la *Hongrie*.

Ses principales rivières sont :

Le *Dniester* (1), en Turc *Tourla*. Il commence en Pologne à un lac, placé au Sud de Lemberg, ou Léopold, coule au Sud-Ouest, arrose Kotchim, Rascow, Bender, &c. & se jette dans la Mer Noire auprès du lieu que les Turcs appellent *Ak-Kerman*, ou le *Château-blanc*.

Le *Prut*. Il commence au Nord-Ouest de la Valakie, dans les montagnes qui bordent la Pokucie & la Hongrie, entre en Pologne, y coule à-peu-près parallelement au Dniester, coule au Sud, & peu avant son embouchure dans le Danube, sépare la Moldavie du Boudgiac.

Le *Siret* (2), commence dans les mêmes montagnes que le Prut, mais en deçà vers le Sud-Est, ensorte qu'il a sa source en Moldavie. Il coule d'abord à l'Est, jusqu'à la ville de Siret, puis au Sud, reçoit la *Moldava* à sa droite, sous le 47e degré de latitude, & se jette dans le Danube, à quelque distance au-dessus

---

(1) Danasta.
(2) Ararus.

du Prut, après avoir séparé la Moldavie de la Valakie.

Quant à la *Moldava*, ou *Moldave*, qui porte le nom du pays, & qui paroît même le lui avoir donné, elle commence aussi au Nord-Ouest, sur les frontières de la Hongrie, un peu au Sud des sources du Siret, & coule au Sud-Est jusqu'à Roman, où est sa jonction avec le Siret.

Remarque. La Moldavie est un pays très-fertile. Elle seroit cultivée & produiroit à la Porte un revenu bien plus considérable, si cette Cour pouvoit se désister de son système destructif de changer si souvent les Hospodars grecs qu'elle envoie dans cette province. Ces gouverneurs qui ont acheté à grands frais l'honneur d'être princes de Moldavie, incertains s'ils resteront en place plus d'un an, & obligés de s'assurer cette prorogation par des présens considérables, ne pensent qu'à se rédimer promptement de leurs avances, vexent le cultivateur, & sont les causes secondes du peu de culture des terres. On y trouve du sel fossile.

La Moldavie se divise en *supérieure* & en *inférieure* : la première comprend tout le Nord-Ouest, jusques vers la hauteur d'Iassi, qui n'y est point comprise ; la seconde, s'étend depuis cette ville jusqu'au Boudgiac.

1°. La Moldavie supérieure, appelée par ses habitans *Tchara de Sous*, renferme

DE LA TURQUIE D'EUROPE. 163
sept districts, dont les principales villes sont, en commençant par le Nord:

KOTCHIM, que les Turcs appellent *Kothim*, près du Dniester (1), & à sa droite sur une hauteur; elle est traversée par un petit ruisseau qui se rend dans le fleuve. C'est une espèce de quarré long, d'environ 300 toises sur 140, entouré d'un rempart, & flanqué de tours du côté de la campagne. Les Turcs y avoient fait dans la dernière guerre un retranchement du côté de la rivière, assez bien entendu. Le sol en est fort inégal, les maisons placées sans alignement. Il y a une Mosquée dans la ville, & une autre dans un petit Fort que l'on nomme *la Citadelle*: cette Mosquée étoit autrefois une Eglise grecque: les fauxbourgs étoient considérables, mais les Turcs les brûlerent au mois d'Avril 1769; ils abandonnèrent la place à la fin de Septembre de la même année. Les Russes s'en emparèrent presque

___

(1) Sur nos meilleures cartes, & notamment sur celle de M. d'Anville, il semble que le Dniester coule au Nord de Kotchim; mais sur des plans levés par ordre du prince de Galitzin, près sa conquête, je vois que le fleuve fait un coude, & coule à l'Est de la ville. Du moins j'en ai deux qui m'ont été communiqués par M. de Kéralio, & dans lesquels je trouve cette position.

L ij

aussitôt après, & n'y trouvèrent que vingt personnes. Cette place étoit encore munie de tout ce qui pouvoit servir à sa défense.

2°. La Moldavie inférieure, nommée dans le pays, *Tchara de Arsios*, comprend douze districts : sa principale ville est :

IASSI (1), Capitale, sur la rivière de *Bahlui*. C'est une ville assez considérable ; mais on a dit mal-à-propos dans les livres de Géographie qu'elle a une citadelle. Il n'y a même jamais de garnison : les deux *Ortas*, ou régimens qui y étoient lors de la dernière guerre, étoient obligés de camper dans les cours & dans les jardins des maisons particulieres.

La plupart des habitans y professent la religion grecque : il s'y trouve aussi quelques Juifs. Il y a dans la ville des manufactures de Canevas; &, dans ses environs, on recueille d'assez bon vin. Elle est la résidence de l'Hospodar de la Moldavie, aussi bien que du Métropolitain grec. Les Russes s'étoient déjà rendus maîtres de cette ville en 1711 & en 1739 : ils la

---

(1) Municipium Jassiorum.

reprirent de nouveau le 25 Septembre 1769. Ce n'étoit même qu'un détachement de Cosaques & de Hussards Russes, sous la conduite du Lieutenant-Colonel Chorvat. Ils trouvèrent la ville sans défense : les Turcs fuyoient par-tout devant les Russes.

Les Russes continuèrent de s'avancer dans le pays, & s'en rendirent maîtres, aussi bien que de la Valakie. Ce n'a été qu'à la paix qu'ils ont rendu ces deux provinces aux Turcs. On a voulu faire entendre dans quelques papiers publics que ceux-ci traitèrent avec toutes sortes d'indignités la Valakie & la Moldavie, lorsque ces provinces furent revenues en leur pouvoir ; mais des personnes bien instruites de ces faits m'ont assuré que la Porte les a au contraire traitées avec beaucoup de douceur. Voici seulement où la conduisit sa politique. Le Vaivode Ghlighor, surnommé *Ghika*, étant Hospodar de Valakie en 1770, se laissa prendre par les Russes à Tergovitz, & passa trois ans à la cour de Pétersbourg. Il l'intéressa à son sort. On fit de son rétablissement un des articles de la paix : les Turcs lui donnèrent en effet la principauté de Moldavie. Mais le Grand Seigneur, qui ne lui pardonnoit pas de l'avoir forcé à cet acte de complaisance, trouva un prétexte pour s'en venger, & lui fit couper la tête au commencement de l'année 1778.

DU BOUDGIAC.

Le Boudgiac que l'on nomme aussi *Bessarabie*, s'étend au Sud-Est de la Moldavie, entre cette province & la Mer Noire. Son nom en Turc signifie *angle* ou *coin*.

Il a au Sud le *Danube*, & ne s'étend guère au Nord, au-delà du *Dniester*. Le reste du pays est appelé *Plaine déserte* ou *Dziké-polie*, & fait partie de la petite Tartarie (1).

C'est dans ces deux contrées en allant du Danube à la Crimée, que se trouvent les embouchures de trois fleuves considérables : le *Danube*, en Turc *Touna* ; le *Dniester*, en Turc *Tourla* ; & le *Dnieper*, en Turc *Ozou* (2).

C'est à l'embouchure du Dniester que se trouvent une saline, le lac appelé *lac d'Ovide*, & le Château-blanc, appelé par les Turcs *Ak-Kerman*, & par les Russes *Bield-gorod*.

Au Nord-Est, est l'embouchure du Dnieper, qui y reçoit le Bog, en turc *Ak-Sou*, ou *Eau blanche*. Ces deux fleuves viennent de Pologne : on verra leurs cours à l'article de ce royaume. Environ à trente lieues au Nord de l'embouchure du Dnieper, sont des cataractes fort connues, & nommées les *treize Porowis* du Dnieper. Ce mot signifie *pierre blanche* : ce sont en effet des espèces de rochers qui embarrassent le cours du fleuve en treize endroits différens. On dit que les Cosaques (nation dont

---

(1) On trouve dans quelques Cartes, & dans des Ouvrages estimés, que ces Tartares sont indépendans, ce qui est faux. Il est vrai que le Kan leur laisse une certaine liberté ; mais ils sont obligés de le suivre à la guerre ; & c'est ordinairement le fils aîné du Kan que ce prince nomme *Sulthan Seraskier*, ou *Général des Boudgiacs*.

(2) Dans le pays on prononce *Dnestr* & *Dnepr*.

DE LA TURQUIE D'EUROPE. 167
je parlerai dans la suite), qui habitent vers ce lieu, & qui par cette raison portent le surnom de *Saporovi*, sont si habiles à conduire leurs bateaux, qu'ils passent au travers de ces cataractes. Il n'y a pas proprement de sauts ; ce ne sont que des rochers qu'un travail opiniâtre pourroit briser ; & même il y a déja une de ces cataractes de détruite par les soins d'un Commandant russe.

On est dans l'usage de partager les petits Tartares, en *Tartares du Boudgiac*, à l'Ouest ; & en *Tartares d'Okzacow*, à l'Est : ces derniers appartiennent à la petite Tartarie propre.

Chez les premiers on trouve :

BENDER ou TIGHINO, près de la Moldavie, sur le Dniester. Cette ville qui en étoit la Capitale pour les Turcs, lorsque ce pays relevoit d'eux, avant leur derniere guerre contre les Russes, est célébre par le séjour que Charles XII, roi de Suede, fit dans ses environs, après la perte de la bataille de Pultava, en 1709. Elle fut prise par les Russes, qui à la paix l'ont rendue aux Turcs. Ceux-ci la nomment la *petite Constantinopl* : elle étoit en effet très-florissante, & ses environs étoient bien cultivés.

CAOUCHAN (1), Capitale pour les

---

(1) Cette ville est nommée, sur la carte de M. d'Anville, *Caufzen*.

L iv

Tartares, quoique ce ne soit qu'un petit bourg peu éloigné de Bender au Sud. C'est où le Kan fait sa résidence en tems de guerre contre la Russie ou la Pologne, afin d'être plus à portée de se concerter avec les Ministres de la Porte.

AK-KERMAN, appelé par les Russes *Bielgorod*; ces deux noms signifient également *Château-blanc*. Ce lieu est fortifié

KICHÉLA, à douze lieues environ de Caouchan. Le Séraskier-Sulthan, espèce de Commandant, de la famille des Kans, y fait sa résidence.

DE LA PETITE TARTARIE.

Quoiqu'à la rigueur on eût dû comprendre le Boudgiac dans la petite Tartarie, cependant on donne particulièrement ce nom à tout le pays qui s'étend depuis le *Dniéper* jusqu'au *Don*, en y comprenant la presqu'isle de *Crimée*, où sont les villes principales des petits Tartares, & la Cour de leur prince.

Dans la terre-ferme à l'embouchure du Dniéper, on trouve :

OKZACOW, ou en Turc *Calaaï-Ozou*, c'est-à-dire *la forteresse de l'Ozou, ou du Dniéper*. Cette place est considérable : les Turcs y avoient une bonne garnifon (1).

De la Crimeé (2).

La Crimée, eft une prefqu'ifle jointe au continent par un Ifthme affez étroit. On a déjà vu, en la confidérant fous fon nom ancien de *Cherfonèfe taurique*, qu'elle a la forme d'un triangle.

Elle n'a point de riviere affez confidérable, ou affez connue par quelque trait d'hiftoire, pour devoir trouver place ici.

Le pays eft affez fertile en plufieurs endroits ; mais les Tartares, toujours à cheval par goût, toujours en courfe par état, & par la néceffité qu'ils fe font impofée de ne vivre que de pillage, ne cultivent pas les terres eux-mêmes, mais feulement par leurs efclaves.

On y trouve auffi des Salines très-abondantes.

Je vais en faire connoître les lieux les plus confidérables.

---

(1) En traitant de l'Empire de Ruffie, il fera parlé de Cherfon, fondée par ordre de l'Impératrice fur le Dniefter, à quelque diftance de fon embouchure.
(2) Cherfonèfe Taurique.

PÉRÉCOP (1), fur l'Ifthme. Ce lieu, appelé *Or* par les Turcs, en a reçu enfuite le nom d'*Or-Capi*, ou *Porte-d'Or* (2), parce qu'étant bâtie fur l'Ifthme, c'eft le paffage indifpenfable pour entrer dans la prefqu'ifle. Les Ruffes s'en font rendus maîtres dans prefque toutes les guerres qu'ils ont eues avec les Turcs, en 1698, en 1736, en 1738. Le nom de *Pérècop* fignifie en langue Ruffe, *terre creufée*, parce qu'un foffé défend en cet endroit l'entrée du pays.

Affez près de cette ville, au Sud, font deux lacs qui fourniffent beaucoup de fel. Celui qui eft à l'Oueft, appelé *Khalal-Gheul*, ou *lac permis*, eft le feul dont on en retire, & c'eft-là que les Cofaques, qui n'en ont pas dans leur pays, viennent habituellement s'en fournir. L'autre lac, appelé *Kharam-Gheul*, c'eft-à-dire, *lac défendu*, n'eft point exploité : on en ignore la caufe ; mais le premier en fournit affez pour que l'on n'ait pas befoin de toucher à celui-ci.

A l'Oueft eft une pointe de terre, avançant dans la Mer, les Tartares l'appellent *Eski-Foros*, ou *l'ancien Phare*.

---

(1) Tapræ.
(2) Il ne faut pas croire, comme quelques Auteurs l'ont écrit, que le mot *or* rappelle ici l'idée du métal de ce nom. *Or* eft le nom propre du lieu, & ne fignifie point, en turc, l'*or* métal.

Gueuz-Lévé (1), au Sud-Est, porte un nom corrompu du Turc (2), qui signifie *la belle plaine*. C'est indiquer une situation agréable. Elle est assez riche & très-marchande.

Baliklava, au Sud de la précédente, porte aussi un nom corrompu du Turc (3), & signifie *filets de poissons*. Les Tartares croient que ce nom lui est venu de ce que les premiers d'entr'eux qui vinrent s'établir en Crimée, y étendirent leurs filets pour la pêche. Cette ville n'est ni riche ni marchande ; mais c'est le meilleur port de toute la Mer Noire, & c'est ordinairement celui où l'on aborde quand on vient en Crimée. Il est enfermé de tous côtés par de hautes montagnes, & a cela de singulier que l'on n'y parvient qu'après avoir passé des gorges si étroites, que deux bâtimens ont peine à y passer de front, & dirigées en différens sens; de sorte qu'à moins de les bien connoître,

---

(1) Cherſone.
(2) Du mot de *Guzel-ova*.
(3) De *Bālik-āghi*.

on craint à chaque iuftant de fe perdre fans reffource.

Au Sud, eft le cap *Karadze Bournou*, ou cap *noirâtre*.

CAFFA (1), eft au Nord-Eft de ce Cap, à l'entrée d'une baie où eft fon port. Cette ville, long-tems poffédée par les Génois, fut érigée en Evêché par Jean XXII, en 1321 : il y avoit auparavant un Evêque grec. Caffa eft encore aujourd'hui affez grande & fort commerçante : elle ne renferme prefque point de Tartares; mais des Juifs, des Grecs, des Arméniens, & des Turcs. Ces derniers l'aiment affez, parce qu'elle ne dépend pas du Kan, & que le Grand-Seigneur s'en eft réfervé la douane.

JÉNISKALÉ, eft un Fort bâti fur le détroit de Zabache.

Dans la partie orientale de la Crimée, il y a une longue & étroite prefqu'île, que les Tartares appèlent *Zéniské*, mot évidemment corrompu du nom de *Zenonis Cherfonefus*, ou *Cherfonèfe de Zenon*, qu'elle a porté anciennement. L'efpèce d'étang fort long qui fe trouve entre cette langue de terre & le refte de la prefqu'île, eft une eau

---

(1) Theodofia.

stagnante, appelée *Tchourouck-Degnitz*, ou *mer pourrie*: les Anciens lui donnoient un nom qui avoit le même sens, en la nommant *Sapra limnè*, ou *étang pourri*.

BAKTCHÉSÉRAÏ, est la seule ville qu'il nous importe de connoître dans l'intérieur des terres : elle est dans la partie méridionale, au Nord-Est de Baliklava. Son nom signifie *habitation entre des jardins* (1). Elle est entre des montagnes qui la défendent des grandes chaleurs & du froid.

Sa rivière est appelée *Tchuruk-sou*, c'est-à-dire *eau pourrie*.

Les Génois possédoient presque tous les ports de la Mer Noire, lorsque les Tartares se jetèrent sur l'Occident au treizième siècle. Les provinces qu'ils y avoient soumises faisoient partie de l'empire de Kaptchac. On sait que Timur-beg, plus connu sous le nom de Tamerlan, détruisit l'empire de Kaptchac vers l'an 1395. Pendant les troubles qui suivirent, vers l'an 1439, un laboureur trouva moyen de sauver un des jeunes princes Mogols, & de l'élever comme son propre fils. Huit ans après, quelques bandes de Mogols voulant avoir à leur tête un prince de la race de Gengs-kan, reconnurent pour leur chef ce jeune prince. Il vouloit par reconnoissance

---

(1) Cette étymologie & le rapport de quelques passages d'Auteurs font présumer à M. Peyssonel que cette ville a succédé à l'ancienne ville de *Palatium* de Strabon, dont il croit que le nom a été défiguré par les copistes de Ptolomée en celui de *Badatium*.

donner des biens & des titres à son bienfaiteur, qui les refusa. Ce fut pour suppléer en quelque sorte au bien qu'il ne pouvoit pas lui faire, qu'il résolut d'éterniser son nom. C'est pourquoi il prit le surnom de *Ghiraï*, qui étoit le nom du laboureur, & ordonna que les Kans ses successeurs le porteroient dans la suite. Ce premier Kan de Crimée est connu sous le nom de *Hadgi-ghiraï*.

Les Turcs regardent comme le plus grand prince qui ait régné dans la Crimée, *Gadzi-Ghiraï*. « Ce prince, » disent-ils, dans les combats ressembloit à un lion » dont les rugissemens feroient retentir les forêts...... Son » affabilité lui gagnoit tous les cœurs ; & tous ceux qui » venoient à sa Cour, riches ou pauvres, s'en retour- » noient comblés d'honneurs & de présens ». Ce prince rendit les plus grands services aux Turcs, & fit toujours la guerre très-heureusement contre les Russes. Enfin, en 1598, ce prince consigna son ame, plus belle qu'un diamant, au trésor du ciel (1).

Pendant le tems que Charles XII, en 1714, étoit sur les terres du Grand Seigneur, le Khan des Tartares s'appeloit *Dewlet-Ghiraï*, & non pas *Delvet*, comme on le lit dans quelques éditions de l'histoire de ce roi.

On ne sera pas fâché sans doute de trouver ici deux mots sur le fils de ce Khan, dont il a été question dans les commencemens de la dernière guerre des Turcs & des Russes.

Krim-Ghiraï s'étoit d'abord fait reconnoître Khan, sans la participation du Grand Seigneur, en 1759. Il fut déposé en 1761, & envoyé dans l'île de Chio, puis à Rhodes. Lorsque la Porte voulut déclarer la guerre à la Russie, comme on connoissoit les grands talens de Krim-Ghiraï, on le rétablit Khan à la place de Maksom, qui ne l'avoit été qu'un an. Il fut rétabli au mois d'Octobre 1768, & mourut au mois de Mars 1769. Tout justifioit en lui le choix de la Porte : il étoit beaucoup plus

---

(1) Expressions d'Abdallah, fils de Ritvan-Pacha, auteur d'une histoire de ces Khans.

instruit, je ne dis pas qu'un prince Tartare ne l'est ordinairement, mais que plusieurs autres souverains de monarchies très-florissantes. Il connoissoit l'histoire & les intérêts de tous les Etats politiques de l'Europe, en connoissoit même les premières familles, avoit des idées de leurs forces, de leur commerce & de leur manière de faire la guerre. Cependant il ne savoit aucune des langues appelées *franques* dans le Levant ; mais il avoit fait des lectures en langue turque, & s'étoit toujours attaché les étrangers avant, pendant & après son exil. Il étoit humain, & très-communicatif. L'homme respectable par sa probité & ses connoissances en langues orientales, duquel je tiens ces faits, a eu souvent l'honneur de l'entretenir. Il m'a dit que ce Khan se prêtoit, avec une patience singulière, à l'embarras des étrangers qui commençoient à parler turc. Son génie pénétroit, suppléoit au défaut d'interprète ; & il préféroit l'embarras de deviner leurs idées, au risque d'en perdre une partie par la traduction d'un tiers.

Lorsqu'en revenant de son exil, Krim-Ghiraï fit son entrée dans Constantinople, ce fut avec une magnificence qui n'avoit jamais eu lieu à l'entrée publique d'un Khan de Crimée. Dès le lendemain, il eut l'audience la plus satisfaisante : le Grand Seigneur le combla d'honneurs & de présens. Ce fut sans doute dans ces entretiens fréquens avec le Grand Seigneur, que le plan de la guerre fut concerté ; l'incursion dans la nouvelle Servie fut résolue pour le mois de Janvier suivant. On sait qu'elle eut le succès le plus complet. L'évènement a prouvé que les Turcs firent la plus grande perte à la mort de ce prince.

Quelqu'empressé que je sois de faire connoître les parties méridionales de la Turquie, je ne puis me refuser à l'espèce de satisfaction que goûteront plusieurs de mes Lecteurs de trouver ici quelques détails sur les mœurs des petits Tartares.

LES PETITS TARTARES sont Mahométans, & ressemblent beaucoup aux Kalmouks ; cependant ils ne sont pas si laids. Ils sont de moyenne taille, & fort carrés ;

ils ont le teint brûlé, les yeux peu ouverts & fort brillans, le tour du visage carré & plat, le nez camus, la bouche assez petite, les dents blanches, les cheveux noirs & aussi rudes que du crin, & peu de barbe. Ils portent des chemises de toile de coton fort courtes, des caleçons de la même toile, des culotes fort longues, faites de gros draps ou de peau de brebis. Leurs vestes, faites de toile de coton, sont piquées, & par-dessus ils mettent un manteau de peau de brebis; & les plus riches d'entr'eux portent, au lieu de ce manteau, une robe de drap fourrée de quelque bonne pelleterie: leurs bonnets sont bordés de peau de mouton, ou de quelque peau plus précieuse.

Leurs armes sont le sabre, l'arc & la flèche; ils s'en servent avec beaucoup d'adresse. Leurs chevaux ont fort mauvaise mine; mais ils sont excellens, & peuvent suffire à des courses soutenues de vingt à trente lieues. Leurs selles sont de bois; ils en raccourcissent si fort les étriers, que lorsqu'ils sont à cheval, ils sont obligés de s'y tenir les genoux pliés.

Les femmes ressemblent trop à leurs maris pour être belles, même passables: elles n'ont pour elles que la blancheur. Leurs chemises, faites de toile de coton, sont aussi longues que celles des femmes françoises: elles ont par-dessus une robe étroite de drap ou de peau de mouton: leur chaussure consiste en une paire de botines de maroquin rouge ou jaune. Elles ne sont pas, en général, fort aimées de leurs maris, parce que ces Tartares choisissent ordinairement pour esclaves les femmes qui leur plaisent le plus parmi les prisonnières qu'ils enlèvent dans leurs courses.

Ils sont tous soldats, braves, durs à la fatigue, & souffrent aisément les injures de l'air. Pour les y accoutumer, on ne les laisse plus coucher à couvert dès l'âge de sept ans: à ce même âge aussi, on ne leur donne plus rien à manger qu'ils ne l'aient abattu avec une flèche: à douze ans, ils vont à la guerre. Pour endurcir leur peau à la fatigue, on les baigne, dès leur plus tendre enfance, dans de l'eau où l'on a fait dissoudre du sel. Aussi les voit-on dans l'hiver courir au travers des neiges, &

passer

DE LA TURQUIE D'EUROPE. 177

passer les rivières à la nage, lorsqu'elles ne sont pas assez gelées pour leur offrir un chemin de glace.

Dans leurs expéditions, outre la flèche & le sabre, ils portent un couteau à leur ceinture, un briquet pour allumer du feu, une alêne pour raccommoder l'équipage de leurs chevaux, & cinq à six brasses de cordes pour lier leurs prisonniers. Ils ont de plus chacun un cadran solaire. Les plus riches portent des cottes de mailles, les autres sont sans armes défensives. Dans leurs courses, ils mènent un second cheval, afin que, lorsqu'ils sont poursuivis, & que celui sur lequel ils sont est fatigué, ils puissent sauter sur l'autre, ce qu'ils font avec beaucoup d'adresse, & sans cesser de courir. Alors ce premier cheval vient se ranger à la droite de son maître, & se tient à son rang, afin d'être prêt à le servir une seconde fois. Ces chevaux n'ont pour eux que la force, l'adresse & la sobriété : souvent un peu de mousse trouvée sous la neige fournit à leur nourriture.

Quant aux Tartares, ils mangent assez habituellement de la chair de cheval, même de ceux qui sont morts de maladie. Lorsqu'un cheval, dans une course, cesse de pouvoir les suivre, ils le tuent, & en partagent entr'eux la chair ; ils la mettent sous la selle de leurs chevaux, & continuent leur course. Au bout de cinq à six heures, ils la retirent pénétrée de sueur & très-échauffée ; c'est alors qu'ils la mangent comme un mets délicat. Ils en mangent aussi de bouillie dans de l'eau avec du sel ; mais quand ils en ont la commodité, ils mangent du millet, du riz & de l'orge, soit en faisant de petites galettes sous la cendre, soit en fricassant ces graines avec de la graisse de cheval.

Les Tartares qui habitent les villes sont plus civilisés. Ils font un pain qui approche du nôtre, & un breuvage composé de millet bouilli, aussi épais que le lait, & qui enivre. Ils boivent aussi de l'eau-de-vie qui leur vient de Constantinople : les pauvres boivent du lait aigre.

Pour bien juger les Tartares, il ne faut pas les considérer dans leur rapport avec les autres nations. Leur morale est relative à leurs intérêts entre Tartares, & les principes auxquels ils se conforment entr'eux, n'ont point leur application vis-à-vis des étrangers. Quoique toujours

Turquie d'Eur. M

disposés à piller chez les autres peuples, ils ne se volent point entr'eux : au contraire, ce peuple est très hospitalier & fort humain. On a vu dans une circonstance où les Juifs avoient besoin d'un homme qui se chargeât d'un supplice, n'en pouvoir trouver pour une somme très-considérable. S'il arrive qu'un homme vole, il est seulement condamné à rendre ce qu'il a pris. Ceux qui assassinent ou qui font quelques violences sont livrés aux parens de celui qui a fait l'outrage. Cette peine du talion, qui peut paroître, au premier aspect, susceptible de beaucoup d'inconvéniens, à cause de la fureur & de la barbarie auxquelles des parens offensés peuvent quelquefois se livrer, amène presque toujours à des actes de clémence. Lorsqu'un homme est convaincu d'avoir tué un autre homme, le juge le livre aux parens du mort. Mais de leur côté, les parens du coupable accourent, s'empressent, sollicitent, & presque toujours obtiennent, à certaines conditions, comme d'une somme d'argent ou d'une servitude de quelques années, la grace du coupable. Et l'expérience a convaincu ceux qui ont demeuré parmi les Tartares, que quoique l'assassinat y soit rarement puni de mort, cette sorte de crime y est cependant plus rare qu'ailleurs.

Les princes de la famille du Khan sont appelés Sultans ; ils occupent les plus grands emplois, & ont quantité de braves qui se dévouent à leur service. Les finances du prince sont assez bornées ; quelques revenus de terres, deux salines qu'il afferme annuellement, les douanes des deux ports de Baliclava & de Gueuz-levé, & de très-légers impôts, forment tout son revenu.

Ceux qui ont le pas après les Sultans, sont les Chirin-Beys : ils forment, en quelque sorte, la haute noblesse, & sont les dépositaires de la loi. Par état, ils doivent maintenir la liberté du peuple contre les vexations des Khans, ou les entreprises des Turcs. A leur tête, est un chef avec le titre de Beg.

Lorsque le prince entre en campagne, ses armées montent ordinairement à 80 mille hommes : elles ne vont qu'à 40 ou 50 mille lorsque c'est son fils ou un des généraux qui commande. Ce n'est guères qu'en hiver & vers le mois de Janvier qu'ils entrent dans le pays ennemi.

DE LA TURQUIE D'EUROPE. 179

Cet usage leur procure le double avantage de trouver des hommes moins en état de se défendre, & de n'être arrêtés ni par les marais ni par les rivières. Leurs chevaux, qui ne sont point ferrés, y marchent plus aisément que sur la terre. Il y a des Tartares qui ferrent leurs chevaux avec de la corne de bœuf. Dans leurs courses, ils savent si bien prendre leurs mesures, qu'ils sont de retour avant que les neiges soient fondues ; & de peur d'être apperçus, quelque froid qu'il fasse, ils n'allument point de feu. Leurs marches sont plus ou moins savantes, selon les talens de celui qui les conduit.

En général, dans ces marches ils se partagent en plusieurs corps, qui se placent entr'eux de manière à se porter aisément du secours, & à n'être jamais assaillis à la fois. De deux heures en deux heures, ils s'arrêtent un quart-d'heure pour laisser reposer leurs chevaux, ce qui se fait d'un coup de sifflet. Lorsqu'ils sont à trois ou quatre lieues de la frontière de l'ennemi, ils s'arrêtent pendant deux ou trois jours dans un lieu sûr : là, ils se divisent en trois bandes, dont les deux premières ne forment qu'un corps ; la troisième est divisée en deux corps, dont un forme l'aîle droite, & l'autre l'aîle gauche. Ils s'avancent ensuite lentement dans le pays ennemi, ne donnant qu'une heure de repos à leurs chevaux, & ne faisant aucun dommage jusqu'à ce qu'ils aient fait 60 ou 80 lieues : c'est alors qu'ils songent à se retirer. Le corps d'armée va toujours le même pas ; mais les aîles, qui ne sont que de huit à dix mille hommes, & divisées en dix ou douze troupes, se répandent chacune de leur côté, jusqu'à cinq ou six lieues, ravagent tous les villages, & emmènent les hommes, les femmes, les enfans & les bestiaux. Aussi-tôt que ces aîles ont rejoint le gros de l'armée, elles y déposent leur butin ; on envoie deux autres corps butiner à leur place. Le corps d'armée est donc toujours complet, & prêt à résister à l'ennemi, en cas d'attaque ; mais ils ne songent jamais à la défense que quand ils ne peuvent pas l'éviter par la fuite. C'est ainsi qu'en des courses d'un mois ou deux, ils enlèvent quelquefois jusqu'à 50 mille personnes qu'ils

M ij

revendent enſuite dans les Etats du grand Seigneur (1).

Ils parlent une langue fort approchante du turc ; elle eſt même plus pure, mais moins élégante.

---

(1) On a ſu, par des perſonnes dignes de foi, l'anecdote ſuivante qui eut lieu dans la dernière guerre.

Dans le tems que Krim-Ghiraï, parti du Boudgiac, dirigeoit ſa marche vers le fort Sainte-Eliſabeth, dans la nouvelle Servie, le Calga Sultan, à la tête de 40 mille Tartares, faiſoit une irruption au delà de la rive gauche du Dniéper, vers Bachmud. Les Tartares s'avançoient à grandes journées vers cette place, le 3 Février ; le 4 étoit le jour fixé par un riche bourgeois pour célébrer les nôces de ſa fille. Cette cérémonie, chez les Ruſſes, eſt toujours accompagnée d'une autre qu'ils ont empruntée de la religion grecque. On conduit en grande pompe les deux époux aux bains. Quoiqu'il y en ait pluſieurs dans la ville, ſoit caprice, ſoit ſuperſtition, la mère de la jeune mariée voulut conduire ſa fille à un bain ſitué dans un village voiſin, nommé *Saint-Nicolas*. Les Tartares apperçurent cette troupe, l'enlevèrent, & vendirent les mariés, & tous ceux qui les accompagnoient.

PARTIES MÉRIDIONALES.

DE LA GRÈCE.

On comprend actuellement sous le nom de *Grèce*, les pays que les Anciens appeloient *Thessalie* & *Grèce propre*, & que dans quelques Cartes on nomme *Ioannina* & *Livadie*.

Nous connoissons bien moins l'état actuel de ce pays que nous ne savons ce qu'il étoit sous les Grecs & les Romains. Le gouvernement des Turcs y met le plus grand obstacle : non-seulement ils ne publient aucune description des pays soumis à leur domination ; mais la négligence qu'ils apportent à la police des villes & à la sûreté des routes, rend les voyages de l'intérieur de la Grèce plus dangereux que ne le seroient ceux que l'on feroit au milieu des Patagons ou des Hottentots. Le Public lira quelque jour le récit des peines qu'a éprouvées M. le Comte de Choiseul-Gouffier, pour avoir entrepris d'aller, par terre, d'Athènes à Thessalonique ; & cependant il étoit muni de passeports & d'un *firman* du grand Seigneur ; s'il eût montré ce *firman*, jamais peut-être il n'eût revu sa patrie ; & la conviction qu'auroient donnée de son état les recommandations puissantes qu'il avoit obtenues, auroit suffi pour le faire assassiner. Aussi peu de voyageurs instruits, & en état d'écrire, ont-ils pénétré dans l'intérieur de la Thessalie, de la Livadie ou de la Morée. Ils n'ont pu que visiter les grandes villes, sans trop oser s'écarter des routes, quoiqu'accompagnés de valets & au moins d'un Janissaire.

Il y a plus, & c'est une espèce de fatalité attachée à presque toutes les côtes de la Méditerranée, c'est que la juste situation des côtes de la Grèce, est bien moins connue que celle de presque toutes les côtes de l'Océan. Plusieurs personnes dignes de foi m'ont assuré que nulle part les observations des meilleurs pilotes ne se rencontrent avec les cartes qui ont le plus de réputation. C'est donc avec beaucoup de fondement que la société attend avec impatience le bonheur de jouir des travaux de M. le Marquis de Chabert, si habile dans l'art des observations, & qui en a fait un nombre infini sur toutes les côtes de la Méditerranée.

La Grèce se divise en *Sandgiak de Larissa* ou *Larisse*; & en *Livadia*, ou *Livadie*.

SANDGIAK DE LARISSA.

Le Sandgiac, que l'on appelle aussi *Ioannina*, est peu intéressant dans ses détails.

Sa principale rivière est la *Salampria* (1).

Cette rivière, que les Anciens appeloient *Pénée*, arrose, à quelque distance de Larisse, une vallée magnifique, dont l'aspect riant & agréable, présente encore le spectacle intéressant qu'ont décrit les Auteurs anciens en parlant de la vallée de *Tempé* : elle est resserrée entre des mon-

---

(1) Le Penée.

tagnes qui l'accompagnent jusqu'à l'embouchure du fleuve dans la mer.

Ses principales villes sont :

IOANNINA (1), sur un étang, au Nord-Ouest. Elle est sur-tout habitée par de riches Marchands Grecs, & ne laisse pas d'être assez grande.

LARISSA (2), au Sud-est de Ioannina, sur la Salampria (3). Cette ville est assez considérable : il y a de fort belles places publiques.

ZEITUM, est grande sans être belle : il y réside un Bey.

De la Livadie (4).

On passe, comme autrefois, du Sandgiak de Larisse dans la Livadie, par un

---

(1) Oxynia.
(2) Larissa.
(3) On peut voir l'excellente Carte qu'a donné M. le Comte de Choiseul-Gouffier, & que j'ai suivie pour la direction de ce fleuve. Il a pris une connoissance exacte de la disposition du local : l'état des lieux, tel qu'il le donne, est conforme à ce qu'en rapportent quelques autres voyageurs modernes ; on ne peut guères raisonnablement ne pas se rendre à des preuves si fortes. Il a même fait sur ce sujet une dissertation qui paroît avoir l'évidence de la démonstration.
(4) Anciennement la Grèce propre.

défilé entre les montagnes & la mer : on y voit des eaux thermales, qui ont une odeur sulphureuse. C'est ce défilé que les Anciens nommoient *Thermopyles*, & que les Italiens ont quelquefois désigné par le nom de *Bocca del lupo*, ou *Bouche du loup*. Il a paru à M. de Choiseul que la mer s'étoit un peu retirée, car le passage est plus large qu'il ne l'étoit lorsqu'il fut defendu par Léonidas. Ce même voyageur a cru, avec beaucoup de vraisemblance, retrouver entre les montagnes, dans un chemin plus court que celui qu'il faut prendre en passant le long de la mer, celui que prirent les troupes de Xerxès, pour surprendre les Spartiates, par les derrières.

La Livadie a pour villes principales :

LÉPANTE (1), sur le golfe de son nom, à peu de distance, à l'Est, du détroit qui en resserre l'entrée. Les Turcs l'appellent *Ennebect*. Elle est célèbre par la victoire que Dom Juan d'Autriche remporta sur la flotte Ottomane en 1571, à peu de distance de son port.

SALONE (2), à quelque distance dans

---

(1) Naupacte.
(2) Amphissa.

les terres, au Nord-Eſt de Lépante, & au Nord du golfe de ſon nom. On y fait un grand commerce de coton & de tabac.

Livadia (1), au Sud-Eſt de Salone. C'eſt une ville aſſez grande, & bien peuplée. Elle a donné ſon nom à toute la province. Son principal commerce eſt en riz & en étoffes de laine.

Thebes (2), ou Stiva, nom corrompu du premier, n'eſt plus qu'un bourg peu conſidérable.

Athenes (3), ou Atheni, plus au Sud, a plus d'étendue, & conſerve dans ſes ruines les reſtes de ſon ancienne magnificence. Les plus beaux de ſes monumens ont été levés, deſſinés & publiés par les ſoins de M. le Roy, des académies des Belles-Lettres & d'Architecture.

Le port d'Athènes, qui n'eſt guère qu'à une lieue & demie de la ville, ſur le golfe d'Engia, eſt nommé *Porto di leone*, à cauſe d'une figure de lion en marbre, qui y a été conſervée. Entre le port & la ville eſt une belle forêt d'oliviers.

---

(1) Lebadea.
(2) Thèbes.
(3) Athènes.

DE LA MORÉE (1).

La Morée forme une grande presqu'isle au Sud de la Grèce. L'isthme, qui la joint au continent, n'est, en quelques endroits, large que de six milles ; de-là son nom d'*Examili* (2) ; ce qui donne environ 3432 toises.

La Morée a, au Nord, le golfe de *Lépante* ; à l'Est, le golfe d'*Engia* ; au Sud, les golfes de *Napoli*, de *Colokitia*, & de *Coron* ; & à l'Ouest, *la mer de Grèce*, où se trouve le golfe de l'*Arcadia*.

Le principal fleuve de la Morée, est le *Roféas* (3), dont on peut voir le cours sur la Carte. Il est fort large à son embouchure, & le passage en est quelquefois fort dangereux, entre les villages de Pirghos, & d'Argholonitza.

On a long-tems admis, pour la Morée, les divisions suivantes, restes d'une ancienne forme sous lequel ce pays a subsisté à la fin du Bas-Empire.

---

(1) Peloponèse.
(2) *Ex*, en grec, signifie *six*.
(3) L'Alphée.

Le *Duché de Clarence*, au Nord.
La *Sacanie*, au Sud-Est.
La *Tzaconie*, au Sud.
Le *Belvédère*, au Sud-Ouest.

Ses principales villes sont, en commençant au Nord :

Patras (1), à l'Ouest de l'embouchure du golfe de Lépante : elle est grande, peuplée, & fort commerçante. Cependant l'air n'y est pas sain. Cette ville a beaucoup souffert pendant la dernière guerre des Turcs & des Russes (*Voyage pittor. de la Grèce*).

Corinthe (2), ou Corito, n'est plus qu'un bourg, que l'on ne visite qu'à cause du souvenir de la ville opulente à laquelle il a succédé.

Napoli de Romanie (3), est au fond du golfe de son nom. Son port est assez fréquenté. Le Pacha de la Morée y réside quelquefois.

Tripolizza (4), à l'Ouest, dans l'intérieur des Terres, & la demeure ordinaire

---

(1) Patræ.
(2) Corinthe.
(3) Nauplia.
(4) Mantinée.

de ce Pacha. Elle fut prise pendant la dernière guerre par des troupes montagnardes.

Misitra (1), au Sud, sur le Vasilipotamo. Cette ville, qui est assez grande, & qui a un château, s'étoit, avec plusieurs autres villes, rendue aux Russes par capitulation, pendant la dernière guerre.

Colokitia (2), au Sud, dans la région que l'on nomme *Maïna*, ou *Pays des Maniotes*. Elle a donné son nom au golfe.

Coron (3), au Nord-Ouest, sur le golfe ou la baie de son nom. Elle est défendue par un château assez fort, situé à la pointe d'une langue de terre qui s'avance dans le golfe.

Modon (4), à l'Ouest : cette place est assez forte. Les Russes l'assiégerent par terre, pendant la dernière guerre ; mais ils furent obligés d'abandonner cette entreprise.

---

(1) Pris de l'emplacement de l'ancienne Sparte.
(2) Gythinus.
(3) Corone.
(4) Méthone.

DES ISLES DE LA GRÉCE.

Isles situées à l'Ouest.

JE place ici ces isles parce qu'elles ont toujours été attribuées à la Gréce, ou à la partie appelée Turquie méridionale ; car elles ne font point partie de cet Empire, & appartiennent aux Vénitiens : font,

1°. CORFOU (1), à l'Ouest de la partie méridionale de l'Abanie. Quelques Auteurs disent qu'elle a pris son nom de son château, qui étoit situé sur une montagne & que les Grecs, par cette raison, appelloient *Koryfo* (2). Elle est d'une grandeur assez considérable, moins fertile dans sa partie méridionale que dans sa partie septentrionale, qui produit beaucoup de grains. Ses salines sont d'un grand produit. Les Vénitiens ont toujours quel-

___

(1) Corcyre.

(2) En grec, Κορυφη signifie *sommité*, le haut de quelque chose.

ques bâtimens de guerre dans son port, & une garnison assez considérable dans l'intérieur de l'isle. Elle est divisée en quatre bailliages.

CORFOU, *Capitale*, n'est pas grande, mais bien fortifiée. C'est le siège du Conseil-Souverain, composé d'un Baile, d'un Provéditeur, d'un Capitaine, de deux Conseillers, d'un grand Capitaine & d'un Châtelain. On distingue dans Corfou, la ville, le fauxbourg de Castrati & la Citadelle : elle est très-commerçante.

2°. LEUCADIA ou LEUCADIE (1), au Sud-Est. Le canal qui la sépare de la Terre-ferme est traversé par un pont de bois, qui en fait une espèce de presqu'isle. Le terrein en est fertile en blé, vin, huile, limons, oranges, amandes, &c. Elle porte aussi de bon pâturages.

SAINTE-MAURE, *Capitale*, située au Nord. C'est un espèce de forteresse dont les murs sont assez élevés. Elle est presque toute environnée d'eau.

3°. CEFALONIA ou *Céfalonie* (2), au Sud. Elle produit des limons, des oranges, des

---

(1) Leucade.
(2) Cephallenie.

grenades, du blé, &, dit-on, des muscades. On dit aussi que les mêmes arbres produisent des fruits deux fois l'année, en Avril & en Novembre : ceux du printemps sont les meilleurs.

Céfalonie, *Capitale*, sur une montagne. Elle est peu considérable, & a beaucoup souffert du tremblement de 1766.

4°. Zante (1), au Sud de Céfalonie, est bien moins considérable. Cette isle produit d'excellens vins, des huiles, des figues, des raisins, que l'on commerce après les avoir fait sécher ; on en tire aussi du sel. Elle est sujette à des tremblemens de terre.

Zante, *capitale*, ville assez grande & fort peuplée. Sa forteresse est sur un lieu très-élevé.

5°. Les Stivali (2) : il n'y a que deux de ces isles habitées : on y trouve des Moines Grecs.

Isles situées au Sud.

Cérigo (3) : cette isle, fort monta-

---

(1) Zacynthe.
(2) Les Strophades.
(3) Cythère.

gneuse, n'est guere fertile; on dit que l'on y trouve assez abondamment des brebis & de la volaille. Il y a un château qui s'avance vers la mer. On ne trouve dans son intérieur que quelques ruines : c'est, dit M. de Choiseul, la dernière des superbes possessions des Vénitiens dans le Levant. Les pirates, dit-on dans un ouvrage infiniment estimable, y trouvent souvent un appui dans la personne du Provéditeur qui y commande. Qu'il me soit permis de remarquer que cette assertion est un peu hasardée. Véritablement quelques écumeurs de mer, à la dernière paix, avoient trouvé un asile sûr à Cérigo ; mais le fait ayant été prouvé, le conseil de Venise, fait pour juger de ces sortes de cas, rappela le Provéditeur, & sévit contre les habitans coupables.

2°. ENGIA (1), isle peu considérable dans le golfe de son nom. On voit aux environs de la ville, de même nom, les ruines d'un grand édifice, que l'on suppose avoir été un temple.

ENGIA, *Capitale*, mérite à peine le

---

(1) Egine.

de ville : elle a un château, & contient à-peu-près huit cens maisons.

3°. CANDIE (1), plus au Sud, est une isle très-considérable : elle a plus de soixante lieues de long, de l'Ouest à l'Est ; mais elle n'en a guère que vingt dans sa plus grande largeur. Elle est montagneuse & très-fertile : on y recueille du blé, des vins blancs & rouges excellens ; de l'huile, de la laine, de la soie, du miel, de la cire : & cette terre produiroit bien davantage si elle étoit bien cultivée.

CANDIE (2) *Capitale*, sur la côte septentrionale, à-peu-près au milieu. Cette ville qui étoit très-considérable sous les Vénitiens, a tellement été ruinée par les Turcs en 1669, qu'elle n'a plus rien de son ancienne grandeur ; son port est en grande partie comblé. C'est le siege d'un Archevêque Grec.

La CANÉE (3), est la seconde ville de l'isle, & se trouve actuellement en un peu meilleur état que la premiere. C'est dans cette ville que réside le Consul de France.

---

(1) Crète.
(2) Caffin-Pacha.
(3) Cydonia.

Cette île, célèbre sous les Grecs, dès le tems de Minos II, vers l'an 1295 avant Jesus-Christ, étoit passée au pouvoir des Romains avec le reste de la Grèce. Les Sarrasins, en 823, l'enlevèrent aux Empereurs d'Orient. Les Gênois, qui s'en étoient rendus maîtres en 960, la cédèrent au Marquis de Mont-ferrat : celui-ci la vendit aux Vénitiens en 1214. Dès l'an 1604 les Turcs y avoient fait une descente : ils la prirent en 1660 ; & par la paix de 1669, les Vénitiens la leur abandonnèrent, à l'exception de deux forteresses qui furent enlevées, en 1715, par les Turcs, auxquels toute l'île est demeurée.

Iles situées à l'Est.

1°. SANTORIN ou *Saint-Erini* (1), c'est-à-dire *S. Irène*, auquel elle est dédiée, au Nord. Il y croît de l'orge, peu de froment, une espèce de coton qui se retire d'un arbrisseau : on y fait du vin fort spiritueux.

2°. MILO (2), vers le Nord-Ouest, n'est presque qu'un rocher creusé en beaucoup d'endroits, par le feu des volcans. Le soufre, l'alun, la pierre ponce, des eaux thermales, tout y annonce la présence & l'action du feu. Il y empoisonne les eaux, & y corrompt l'air. A peine a-t-elle 200 habitans, réduits à l'état le

---

(1) Thera.
(2) Melos.

plus triste ; le teint livide, le corps bouffi, les jambes enflées. C'est dommage que cette habitation soit dangereuse ; son port est vaste & pourroit être utile à un commerce considérable.

Au Nord, & tout près de Milo, est la petite île que les Grecs appellent *Komoli*, & les François l'*Argentière*, à cause de ses mines d'argent, exploitées autrefois, & fermées actuellement. Elle produit une terre qu'on nomme *Cimolée*, espèce d'argile blanche dont on se sert pour blanchir le linge. Il s'en trouve, dit M. de Choiseul, de pareille à Milo. Son aspect est fort triste ; c'est un rocher sans verdure. On y compte à peine deux cens familles.

3°. *STAMPALIA*, vers le Nord-Est de Santorin, est assez fertile, mais elle manque d'eau douce : la pêche y est fort abondante.

4°. *NAXIA* ou *Naxe* (1), au Nord de Santorin, est plus considérable. Cette isle est la plus fertile de tout l'Archipel, en vins & en toute espèce de fruits. Les Grecs en tiroient un marbre tacheté comme les peaux de serpent, & que, par cette raison, ils appeloient *Ophitès*. On tire d'excellent émeri des montagnes qui sont dans la partie occidentale. Il y reste peu d'antiquités. Au milieu de la ville est une

___

(1) Naxos, ou Naxe.

tour quarrée, seul reste du palais des anciens Ducs. Les vaisseaux n'y peuvent pas aborder.

5°. PAROS (1), à l'Ouest de Naxe, est fertile, abonde en blé, en vin, en fruits & en bétail. On y voit beaucoup de ruines. La *Panagia*, église située hors de la ville, est la plus belle de tout l'Archipel. Son port est vaste & sûr.

6°. ANTI-PAROS (2), à l'Ouest. Son nom signifie *opposé à Paros*. Cette île n'a de remarquable qu'une grotte sous-terraine & très-vaste, dans laquelle se voit une multitude infinie de stalactites, espèce de cryftallifation, formée par l'infiltration des eaux qui y font très-chargées de sélénite.

M. de Nointel, Ambaffadeur de France à la Porte, y descendit en 1673, & y fit célébrer la Meffe. M. de Tournefort, qui accompagnoit cet Ambaffadeur, a fait de l'intérieur de cette grotte une description qui a paru très-exagérée à M. le Comte de Choifeul-Gouffier. Selon ce dernier Voyageur, la profondeur perpendiculaire n'est au plus que de 250 pieds. On peut voir la description très-vraie de cette grotte dans le premier volume du Voyage Pittoresque de la Grèce, p. 72 & *suiv*.

7°. MYCONI (3), au Nord de Naxe,

---

(1) Paros.
(2) Oliaros.
(3) Myconus.

produit du blé, du vin, des figues & des olives; mais elle a peu d'eau & de bois, & ses habitans deviennent chauves de très-bonne heure, dès l'âge, dit-on, de 20 à 25 ans. Elle a une ville & deux ports.

8°. *Tine* (1), au Nord-Ouest de Miconi, n'est, comme la précédente, qu'un rocher recouvert d'un peu de terre: cependant c'est une des plus riches & des plus agréables de toute la Grèce: elle est très-fertile; n'a que 12 lieues de circuit, contient 60 villages ou hameaux, & nourrit près de 20000 habitans. Les Vénitiens ne l'ont perdue qu'en 1714.

Les Jésuites s'y étoient établis en 1710, mais en 1760, ils en furent chassés, à main armée, par les Grecs, qui s'emparèrent de toutes les églises que possédoient les Catholiques.

9°. *Andro* (2), vers le Nord-Ouest, & un peu étendue dans ce sens. C'est une des plus agréables isles de l'Archipel, tant par la fertilité de son sol abondant en vin & en fruits, que par la qualité &

---

(1) Tenos.
(2) Andros.

le nombre de ses sources. On en tire de l'huile & beaucoup de soie : on y trouve beaucoup de ruines. Il y a un Evêque Grec & un Evêque Latin ; un Cadi & un Aga.

10°. *Zia* (1), au Sud-Ouest d'Andro & à l'Ouest de Miconi. Elle produit peu de froment, mais beaucoup d'orge : on y commerce du vin & de la soie. La ville de Zia est sur une hauteur.

11°. *Egripo* (2), appelée vulgairement Négrepont, à l'Ouest, est très-près du continent de la Livadie : elle a environ 40 lieues de long & dix de large. C'est, après Candie, la plus grande de toutes ces isles. Il y a des montagnes assez hautes pour que quelques-unes soient couvertes de neige toute l'année : mais le pays plat est fertile en grains, en huile, en vin & en fruits de toute sorte.

Cette isle n'est séparée du continent que par un détroit où la mer éprouve le flux & le reflux, d'une manière bien plus sensible que dans le reste de la Méditerranée : de-là lui venoit le nom d'Euripe,

---

(1) Ceos.
(2) Eubée.

que lui donnoient les Anciens. On le passe sur un pont.

Du mot *Eurippos*, prononcé durement, on a fait E*vrippos*, puis *Egrippos*. Les Occidentaux entendant dire en grec εις τον Ἔγριπον (*eis ton Egripon*), en ont fait le nom de *Negrepont*, que cette île porte dans toutes nos cartes ; mais ce nom n'est point reçu dans le Levant.

EGRIPO (1), sa Capitale est à l'Ouest, sur le détroit. Elle est fortifiée & défendue par une bonne citadelle.

12°. S*KYRO* ou *Scyro* (2), à l'Est d'Egipo, est montagneuse & couverte de rochers ; cependant on y fait du vin & l'on y travaille du coton. Ses montagnes renferment beaucoup de chèvres. On y trouve des carrières de marbre. Son port se nomme *la grande Plage*.

On trouve au Nord-Ouest de Skyro, & vers l'entrée du golfe de Saloniki, un grouppe de petites îles qui sont peu considérables, & dont je ne parlerai point ici, non plus que de plusieurs autres qui sont dispersées dans le reste de l'Archipel.

Au Nord-Est du mont Athos, & à l'Est du golfe de Contessa, la dernière des îles

---

(1) Chalcis.
(2) Scyros.

dont j'ai à parler, comme appartenant à l'Europe, est :

Thaso (1), long-tems renommée par ses mines, & sa grande fertilité. On en tire encore du vin & du marbre estimés.

---

(1) Thasos.

SUPPLÉMENT.

I.

DESCRIPTION DU MONT ATHOS.

LE *Mont Athos*, autrement le *Monte-Santo*, eſt ſans contredit le plus fameux Sanctuaire qu'ait l'Egliſe Grecque en Europe. Les Grecs l'appellent *Aghion Oros*, & nos Géographes modernes, *Monte-Santo*, d'après la Langue italienne. Il n'eſt guère poſſible que l'on puiſſe trouver dans toute la chrétienté la réunion d'autant de Moines & de Monaſtères en une ſolitude auſſi belle. Les Couvens du *Mont Athos* occupent un circuit de quinze à vingt lieues de France, ſans qu'on y trouve d'autres habitations que celles des Religieux, ni d'autres habitans qu'eux, à l'exception de quelques perſonnes déjà à demi retirées du monde, & qui ne ſervent dans ces Monaſtères, que dans la vue de ſe faire Moines.

Cette ſolitude doit plaire à ceux qui cherchent à s'éloigner du monde. Elle eſt entourée par la mer, excepté du côté du Ponent, ſans qu'il s'y trouve un Port aſſez ſûr pour y donner abri aux bâtimens qui pourroient y aborder. Elle eſt ombragée de belles forêts, & rafraîchie d'une infinité de fontaines d'eaux très-pures qui se répandent de toutes parts en petits ruisseaux, lesquels ne tarissent jamais, pas même dans les plus grandes chaleurs. Les terreins unis sont d'un fonds excellent, propre à la vigne, aux arbres fruitiers, aux grains & aux légumes.

Il peut y avoir dans les Monastères & Hermitages du Mont Athos autour de quatre mille Religieux, que l'opinion hyperbolique des Grecs exagère jusqu'à dix à douze mille. Quant au nombre de Monastères, il n'y en a que vingt principaux qui sont appellés Châteaux (1), parce qu'en effet leur construction ressemble assez à des forteresses, étant entourés d'épaisses murailles, flanquées de grosses tours quarrées de distances en distances, munis du canon & autres armes de gros calibre pour leur défense contre les incursions des Corsaires. Mais on y compte quatre ou cinq cent Chapelles, Hermitages, ou Cellules détachées, outre celles qui appartiennent à chaque Monastère aussi séparées.

Voici les noms de ces Couvents dans leur ordre successif, tels qu'ils se rencontrent en voyageant dans les montagnes.

Noms grecs.	*Noms françois.*
Aghia Laura,	De Sainte Laure.
Paulon,	De Saint Paul.
Dionision,	De Saint Denis.
Gregorion,	De Saint Grégoire.
Simon-Petra,	De Saint Simon.
Xéropotami,	Des 40 Martyrs.
Rousson,	Des Russes.

---

(1) Du mot *Castron.*

Noms grecs.	Noms françois.
Xenophon,	De Xénophon.
Dokianon,	Des Archanges.
Costamoni,	De Constantin.
Zografon,	Du Peintre.
Kalendari,	Des Bulgares.
Sfimenon,	De Théodose.
Vatopodi,	De la Vierge.
Pandocratora,	Du Tout-Puissant.
Stavronikita,	De Saint Nicolas.
Iviron,	Des Georgiens.
Caracolon,	De Saint Pierre & Paul.
Philothéon,	De l'Ami de Dieu.
Coutloumiche,	De la Transfiguration.

On distingue aussi deux Eglises, qu'on pourroit appeler ailleurs Abbayes ou Prieurés.

Aghia Anna,	L'Eglise de Sainte Anne.
Protaton,	La Patriarchale.

La fondation de la plûpart de ces Monastères est due à la piété ou à quelque vœu particulier des Empereurs Grecs, des Princes de leur famille, de quelqu'un de leurs Généraux, ou grands Officiers de leur Cour, ainsi que de différens Patriarches, comme le prouvent d'anciennes annales, & les archives de ces Couvens. Les Hermitages & Cellules détachés ont été fondés par de Saints personnages qui, pour la plupart, y ont vécu & terminé leurs jours en solitaires.

On ne s'arrêtera pas à rapporter les récits fabuleux que les Grecs prennent plaisir à raconter sur ces belles & édifiantes institutions, & sur les merveilles qui s'y sont opérées, la description locale étant seulement l'objet de cet Ouvrage.

§. Ier

Le Monastère de Sainte Laure, qui est le plus fameux & le plus considérable, reconnoît pour son fondateur Saint Athanase, surnommé Lathonite, pour le distinguer de celui d'Alexandrie. Il vivoit sous l'Empereur Nicéphore. Le Patriarche Dionisis, qui finit ses jours au Mont Athos, est aussi reconnu bienfaiteur de ce beau Monastère. Son enceinte, y compris les jardins, est immense; & l'on y compte jusqu'à vingt-six chapelles ou oratoires, qui sont toutes ornées de beaux marbres & de peintures à fresque. Comme le plus riche de tous ceux du Mont Athos, il est sujet, envers le Grand Seigneur, à une imposition huit à dix fois plus forte que les autres.

§. II.

Le Monastère de Paul, qui prend son nom de celui de son fondateur (1), fils de l'Empereur Maurice, est grand & bien bâti. Il est situé sur une hauteur, à un quart de lieue de la mer, & passeroit en France pour une bonne Abbaye. Tous les Religieux doivent être natifs de Servie & de Bulgarie, comme à Kalendari & Xenophon. L'église est dédiée à St George, à qui les Grecs ont une grande dévotion. Elle est bien entretenue, fort ornée, & couverte de plomb, comme toutes celles des autres Monastères.

---

(1) Les Grecs ne lui donnent pas le nom de saint.

Ghiura, despote de Servie, a fait les frais de sa construction au seizième siècle.

§. III.

Le Monastère de Dionisis, qui est aussi un des plus considérables, a été fondé par un hermite de ce nom, né dans les montagnes de Castoria, sur la frontière de la Macédoine. Il y parvint principalement par les secours de son frère Théodose, Archevêque de Trébisonde, & de l'Empereur Alexis Comnène, en 1380.

§. IV.

Le Monastère de Grégoire est dans la classe de ceux du Mont Athos: quoiqu'il ne soit qu'à une demi-lieue de la mer, il est le seul qui n'ait point d'arsenal; mais il se sert au besoin des armes de Simon-Pierre. D'ailleurs, l'édifice est solidement bâti, flanqué de tours, & situé sur la croupe d'une coline à l'Est du Mont: il prend son nom d'un solitaire nommé Grégoire, reconnu pour saint, qui fut son premier fondateur vers la fin du 15e siècle. Un Prince de la Valachie, du nom d'Alexandre, l'a beaucoup amélioré dans le même-tems.

§. V.

Le Monastère de Simon-Pierre, désigne de même son fondateur, aidé d'un Prince du pays, nommé Jean Ovely. Il est situé à la même distance de la mer que le précédent, sur la pointe d'un rocher, entre celui des quarante Martyrs & de St Grégoire. On ignore l'epoque de fon érection, mais elle ne doit pas être fort ancienne.

§. VI.

Le Monaſtère des quarante Martyrs, du nom de ſon égliſe, eſt appelé *Xéropotami* dans le pays, à cauſe d'un torrent voiſin qui tarit pendant l'Eté. C'eſt le plus conſidérable entre les modernes. L'édifice & ſes dépendances ſont fort étendus, & il eſt entouré de belles forêts, propres aux mâtures de vaiſſeaux. L'Empereur Romanus l'a tondé. On ignore lequel c'eſt des trois qui ont porté ce nom.

§. VII.

Le Monaſtère des Ruſſes n'a point été fondé, comme on pourroit le croire, par quelque Prince de cette nation. Il ne reconnoît d'autre fondateur qu'un ſeigneur de Servie nommé Lazzaro, lequel vécut en ſolitaire en cet endroit, & y eſt révéré comme un ſaint. L'égliſe, dédiée à Saint Pantaléon, duquel on croit avoir le corps, eſt à une lieue de la mer, au milieu des forêts, ſur le pendant de la cime méridionale du mont. Elle eſt bien pourvue d'eaux courantes, mais très-pauvre & mal tenue.

§. VIII.

Le Monaſtère de Xénophon porte le nom d'un ſolitaire, ſon fondateur, vers 1547. Trois Princes, dont les portraits ſe voient dans l'égliſe, ſavoir, Ducas Bernicos, Radoulas & Mather, en ont été les bienfaiteurs. Les Religieux qui l'habitent ſont tous Bulgares ; ce qui prouve que le premier fondateur étoit de cette nation. Il y a sept chapelles ou oratoires extérieurs. On en compte jufqu'à trente dans les grands Monaftères ; les Grecs multipliant ainfi leurs églifes par dévotion, & les fupérieurs qui font quelques épargnes les employant d'ordinaire à de pareils édifices.

§. IX.

Le Monaftère des Archanges eft un des plus beaux du Mont Athos. Je l'appelle ainfi du nom de fon églife, plutôt que de celui de *Dokiarion* qu'on lui donne fur les lieux, lequel n'indique autre chofe que l'hofpitalité qu'on y exerce envers tous les étrangers ; chofe commune aux autres Monaftères. Le chœur de la principale églife eft immenfe, & compris fous une grande coupole noblement élevée. Sa fortification l'emporte fur celle des autres églifes par l'ordonnance & la folidité de fa conftruction. Son fite eft fur le bord de la mer, du côté du Sud-Eft. Son premier fondateur fut l'Abbé Euthymio, qu'on croit avoir été contemporain de Saint Athanas Lathonite. Le fecond, un neveu d'Euthyme, qui de Patricien qu'il étoit à Conftantinople, fe fit Religieux de ce Monaftère, dont il devint auffi Abbé. L'on regarde un certain Barnaba, lequel étant enfant fut jeté, dit-on, à la mer avec une pierre au col, & miraculeufement délivré par les Saints Archanges Michel & Gabriel, comme le troifième. On voit encore aujourd'hui cette pierre encaftrée à l'autel. Un autre miracle qu'on y raconte auffi, eft la découverte d'un tréfor indiqué par les efprits céleftes pour fournir aux dépenfes immenfes de la fabrication de l'églife. Les Grecs abondent en pareilles traditions ridicules, bonnes pour les tems où elles ont pris naiſſance.

§. X.

Le Monaſtère de Conſtantin (*Coſtamoni*), porte, comme il eſt aiſé d'en juger, le nom de ſon fondateur : quelques Religieux prétendent que c'eſt Conſtantin-le-Grand ; d'autres plus éclairés diſent que c'eſt Conſtantin Pogonate. Quoi qu'il en ſoit, l'Empereur Manuel Paléologue eſt auſſi reconnu pour fondateur de ce Monaſtère, qui eſt, comme celui du Peintre, au milieu des montagnes, à cinq milles du rivage. Ils ſont les ſeuls d'où on ne voit point la mer. L'égliſe a St Etienne (*Stephano*) pour patron titulaire.

§. XI.

Le Monaſtère du Peintre (*Zougrafou*) fut fondé ſous l'Empereur Léon le Philoſophe, par trois Princes du ſang de l'Empereur Juſtinien, nommé Moïſe, Aaron & Jean, leſquels, dégoûtés du monde, vinrent d'Ocridra, capitale de la Bulgarie, ſe faire ſolitaires au Mont Athos, où ils fondèrent ce Monaſtère, ſous le nom de St. George. Il porte auſſi celui de Zougrafou, ou du Peintre, parce que l'image de ce ſaint, qui y eſt révérée, n'eſt point, dit-on, faite de main d'homme, s'étant trouvée miraculeuſement empreinte ſur une table du Monaſtère. Il eſt ſitué dans une profonde & épouyantable vallée, au milieu d'épaiſſes forêts. Les Religieux, comme on l'a déja dit, ſont de la Bulgarie ou de la Servie.

§. XII.

§. XII.

Le Monaſtère des Bulgares eſt nommé ſur le lieu *Kalendari*, ſans qu'on en ſache l'étymologie. C'eſt un des plus vaſtes du Mont Athos, & il contenoit jadis juſqu'à quatre cens Religieux. L'égliſe s'élève comme ſur un petit théatre, en ſorte qu'on y monte de tous côtés. Elle a quatre coupoles principales, & ſept portes d'une très-belle ordonnance, trois en face, & quatre latérales; ſon intérieur eſt fort beau, & orné de marbres choiſis & de peintures. Elle eſt dédiée ſous le titre de Préſentation de la Vierge. De ſes bâtimens, on a l'avantage de découvrir les deux golfes, l'un à la tramontane, l'autre au midi. Les Religieux ſont tous Bulgares & Serviens. Ils reconnoiſſent pour fondateur un deſpote de cette dernière province, nommé Stephano, lequel étoit gendre de l'Empereur Romanus.

§. XIII.

Le Monaſtère de Théodoſe, communément appelé par les Grecs *Sfiménon* (1), ſe glorifie d'avoir pour fondateur Théodoſe le jeune. Il n'a cependant rien qui puiſſe faire honneur à un ſi illuſtre fondateur, qu'un grand aqueduc qui y procure d'abondantes & de très-belles eaux d'une coline voiſine. Du reſte, ſes bâtimens n'ont rien de comparable à la magnificence de ceux des principaux Monaſtères; & l'égliſe, dédiée ſous le titre de

---

(1) Reſſerré, renfermé.

l'Afcenfion, eft des plus médiocres. On a préféré de lui donner ici le nom de fon fondateur à celui que lui affignent fes Religieux, fur ce que la vue en eft bornée par de petits monticules qui l'entourent. Il conferve pourtant un apperçu du côté de la mer.

§. XIV.

Le monaftere de la Vierge eft appellé dans le pays *Vatopodi* (1) : on l'eftime le plus ancien de tous. Celui de Sainte-Laure a été bâti fur fon modele, à la feule différence que les édifices de Sainte-Laure ont quelque chofe de plus grand. Ils paroiffent différer entr'eux, comme l'abbaye de Clairval, de celle de Citeaux. Les archives de *Vatopodi* font foi que Conftantin-le-Grand eft fon premier fondateur; & que, ruiné par Julien l'apoftat, il fut rétabli & agrandi par Théodofe-le-Grand, à l'occafion d'un miracle qu'opéra la Vierge en faveur de fon fils Arcadius. Celui-ci, à fon retour par mer, de Rouen, où l'on fuppofe qu'il étoit allé voir Honorius fon frere, & Conftantin fon beau-frere, mari de la Princeffe Placide, fut battu vigoureufement de la tempête auprès du mont Athos. Etant tombé à la mer, il fortit d'un fi grand péril par l'invocation de la fainte Vierge, & fut jeté fain & fauf fur le rivage, où, s'étant endormi au pied d'un rocher, fes gens l'y retrouverent. C'eft de là que ce monaftere a pris le nom de *Vatopodi* (pied

---

(1) Pied d'un roc; nom peu afforti à l'idée qu'on doit avoir d'un fi beau Monaftère.

de rocher). Les mêmes archives affirment qu'après la mort de Théodose, Arcadius étant demeuré maître de l'empire, n'oublia rien pour mettre ce monastere en état d'entretenir un grand nombre de religieux ; & à cet effet, lui assigna sur son trésor dix livres d'or & dix-sept livres d'argent annuellement, sans compter beaucoup d'autres dons en fonds de terre. La princesse Placidie, de retour de Rome, y fit aussi de grandes libéralités, & lui en procura d'autres de la part de l'empereur son frere. En l'an du monde 6370, style grec, c'est-à-dire l'an 862 de notre ère, les Sarrasins ayant détruit les églises du mont Athos, celle de *Vatopodi* se releva par le secours de trois seigneurs nommés Athanase, Nicolas & Antoine, qui vinrent d'Andrinople se fixer dans cette solitude, y apportant de grandes sommes qu'ils employèrent à sa restauration, sur le même site où il étoit du tems de Théodose & d'Arcadius. Il y a eu beaucoup d'autres bienfaiteurs, comme les empereurs Manuel, Comnène, Paléologue & Andronic. Il y vient encore aujourd'hui de grands secours de la Valachie, Moldavie & des principales villes de Morée, qui prennent pour protectrice la Vierge de *Vatopodi*.

§. XV.

Le monastere du tout puissant (1) (pour rendre en notre langue le nom que les Grecs lui donnent) reconnoît pour fondateurs deux freres d'un empereur d'Orient, l'un desquels s'appelloit Alexis, colonel général d'infan-

___

(1) Panthocratora.

terie, & l'autre nommé Jean, lequel occupoit une des premières charges du palais de l'empereur. On voit leurs noms sur leur tombe, près du maître autel, sans qu'on sache d'autres particularités à leur égard, ni relativement à l'époque de cette fondation; ce qu'on en peut dire de plus constant, est que le cloître étant tombé en vétusté, & déchu de sa première splendeur, il fut restauré par deux autres seigneurs de Valachie, l'un appelé Barbulor, grand logothète, l'autre Gabriel : il se trouve présentement en bon état. Son site est très-agréable à environ trois milles (1) de la mer ; mais les vents de tramontane auxquels il est exposé en hiver, le rendent incommode à habiter. Son arsenal est bien muni : l'église est consacrée à la Transfiguration. Il appert par des documens Grecs de ce monastère, qu'un de ses abbés assista au concile de Florence & souscrivit à l'union des deux églises.

§. XVI.

Le monastère de Saint-Nicolas prend son nom du patron titulaire de son église, évêque de Mirza, appelé des Grecs *Stavro-Nikita* (vainqueur par la croix). Son image, peinte sur bois, selon la manière Grecque, est richement ornée de lames d'or & d'argent. On raconte qu'ayant été jetée à la mer par les Iconoclates, les flots la rapportèrent sur la plage, où on la retrouva ; ce qui la met en grande vénération parmi les gens de mer, & rend beaucoup au couvent, à cause de l'invo-

---

(1) Une lieue de France.

cation de ce saint dans le cas de naufrage. Le fondateur est un patriarche de Constantinople du nom de Jérémie. Il existe dans le réfectoire un tableau représentant la généalogie de la Vierge (l'arbre de Jessé) avec une série des Sibylles, & d'anciens philosophes qui ont parlé de la Divinité; composition qui semble moins instructive, qu'elle ne donne à deviner.

§. XVII.

Le monastere des *Ibérians* (qui signifie ici *Géorgiens*, du mot *Iviron* ou *Ibérie* dont la *Géorgie* fait partie) fut fondé sous le règne de l'impératrice Théofane, par Basile & Constantin ses fils. On croit que cette œuvre pie est due au général Saturnikio, lequel avoit commandé les armées du vivant de Romanus. S'étant dégoûté du monde, il campoit en solitaire au mont Athos, lorsque les Persans, se prévalant de la mort de cet empereur, se jetèrent sur les terres de l'empire & le dévastèrent; ce qui obligea l'impératrice à rappeler Saturnikio, & à le remettre à la tête de ses troupes, cela lui réussit à souhait; les infidèles furent battus & repoussés jusqu'en Géorgie, où ils essuyèrent une seconde défaite, mais ces succès ne firent point changer de vocation au vainqueur. A peine de retour à Constantinople, où il reçut de grands honneurs, & outre le don du butin qu'il avoit fait, des récompenses particulières de l'impératrice, il revint dans sa solitude avec ses richesses qu'il employa à élever & fonder ce monastère. Plusieurs princes Georgiens, qui avoient été compagnons de Saturnikio dans cette guerre, le devinrent aussi de sa retraite. Ce monastère ne le cède guère à aucun des autres par la décoration de son église, la beauté de ses bâtimens & son site. Il est entouré de prairies & de bocages; & quoiqu'exposé au couchant, on y voit des orangers en pleine terre. L'église est dediée à l'assomption de la Vierge.

§. XVIII.

Le monastère de Saint-Pierre & de Saint-Paul est connu dans le pays sous le nom de *Caracalon*; ce qui fait dire assez solemnellement qu'il a été fondé sous l'empereur Caracalla. Ce qu'on en sait de plus certain, est qu'un Voyvode de Moldavie, nommé Pierre, ayant eu la dévotion de restaurer ce monastère, y envoya son grand écuyer, portant le même nom que lui, avec de grosses sommes d'argent, dont celui-ci s'appropria une bonne partie, se contentant d'y faire bâtir une tour du côté de la mer, & d'y pratiquer une chapelle. Le Prince, informé de cette fraude, fit arrêter l'écuyer pour lui faire trancher la tête; mais à force de supplications, il obtint sa grace, avec promesse, non-seulement d'employer ce qu'il avoit dérobé au prince, mais encore d'y ajouter du sien: après quoi il vint en effet bâtir le monastère dans le lieu & en l'état où il est aujourd'hui. Le Voyvode & lui s'y firent ensuite religieux sous le nom des deux Pacômes, & y finirent leur vie. Ce monastère, de médiocre grandeur, est agréablement situé sur une hauteur, en belle vue, & on y respire un air pur. Plusieurs prétendent qu'il n'est que le diminutif d'un plus ancien & plus considérable. On voit en effet à l'entour des ruines assez étendues qui peuvent bien être celles d'un cloître appelé antérieurement *Caracalon*.

§. XIX.

Le monastère de *Philotheo* (1) porte le nom d'un solitaire, son premier fondateur, qui y fut aidé par deux autres nommés Arsénius & Dionisis. Il fut agrandi & décoré en 1492, par Léontius & Alexandre son fils, princes de Géorgie, dont les portraits sont conservés. Ce couvent est à six milles de la mer; &, quoiqu'élevé sur la montagne, il a d'abondantes & belles eaux, & un fonds de terre excellent pour la culture; il seroit assez considérable, s'il étoit bien entretenu, mais tout y est dans le plus mauvais ordre, & c'est par cette raison un des plus pauvres. L'église est dédiée à l'assomption.

§. XX.

Le monastère de la transfiguration porte, au grand étonnement des étrangers, la dénomination Turque *Kontlonmiche*, qui veut dire béatifié. Un des Alexis Comnène, sans qu'on sache lequel, en est le premier fondateur. Quatre princes de Valachie; Nicolo, Rasouls, Myrz & Ventilo, dont on conserve les portraits, y ont successivement répandu leurs libéralités. Cet édifice est régulier & assez bien tenu, ainsi que l'église qui est dans le genre moderne. Il est au milieu de la montagne, à une portée de fusil du bourg dans lequel est l'église primatiale, en un lieu fertile & assez élevé pour pouvoir découvrir l'isle du Tasse qui est au ponent.

---

(1) L'ami de Dieu.

Après avoir donné la description de tous ces monastères, il reste à parler des deux églises qui en sont distinctes, & dont on a simplement fait mention ci-devant.

§. XXI.

L'église de Sainte-Anne est un lieu où semble fleurir dans sa pureté l'esprit des anciens solitaires de la Thébaïde. Cette solitude est dans un vallon horrible à la vue & tout à fait stérile, au penchant méridional du Mont-Athos. Elle n'est accessible qu'aux gens de pied, & l'on n'y arrive qu'en montant & descendant des marches taillées dans le rocher. Autour sont trente hermitages construits sans ordre, où, à force de travail & de transport de terre, on est parvenu à pratiquer quelques jardinets. Chaque bâtiment a deux ou trois chambres & autant de religieux, entre lesquels le plus ancien est le supérieur de la cellule, soit prêtre ou non. Il y a en outre un supérieur de tous les hermites, qui dépend lui-même de l'abbé de Sainte-Laure. Ces solitaires ont une église commune, dédiée à Sainte-Anne, où ils se rassemblent chaque fête & dimanche. Elle est bien entendue & éclairée. Il y a auprès quelques chambres pour les étrangers. Comme les religieux n'ont ni fonds de terre ni vignes, ils vivent de leur travail manuel. Il faut qu'ils achetent jusqu'au pain & au vin, & qu'eux-mêmes le portent du bord de la mer, quand les bâteaux viennent le leur vendre au rivage voisin, n'y ayant pas un seul serviteur pour tant de reclus, dont la spiritualité n'est pas extrêmement éclairée.

§. XXII.

L'église primatiale (du nom Grec Protaton) à proprement parler, n'est pas un monastère particulier, puisqu'elle est commune à tous les monastères ; & qu'étant situé au bourg de *Caridiés*, elle sert également à tous les religieux du mont Athos qui viennent, quand il leur convient, le samedi, au marché qui s'y tient chaque semaine. Les abbés de tous les monastères y siègent selon leur rang. L'Evêque du mont Athos, qui dépend immédiatement du patriarche de Constantinople, réside ordinairement dans ce bourg ; mais ce n'est que pour y ordonner & officier *in pontificalibus*. Du reste les monastères sont exempts de toute autre juridiction que de celle de leurs abbés. L'aga Turc, qui commande au mont Athos, fait aussi sa résidence à *Caridiés*, & n'y a que la décision des intérêts temporels des religieux, avec l'assistance de quatre députés choisis des principaux monastères. Sa politique veut qu'il soit en bonne intelligence avec eux, pour n'être pas déposé sur leurs plaintes ; mais peu de Turcs pouvant s'accoutumer à cette solitude, la plupart se retirent au bout de l'année.

Caridiés, qu'on pourroit appeller le bourg des noisettes, ce nom Grec ne signifiant autre chose qu'un lieu où abonde ce fruit, est au centre des montagnes, à six milles environ des deux golfes, & à neuf ou dix de Kalendary & de Sainte-Laure. Chaque monastère y a son hospice, & l'on y voit nombre de boutiques où se trouvent toutes choses à l'usage des religieux. Ce lieu est arrosé de tant de fontaines, que chaque habitant a de l'eau dans sa maison pour son usage, & pour l'arrosage des jardins qui sont en grand nombre. La situation du bourg est fort élevée sur le penchant septentrional de la montagne, de manière qu'on y découvre au loin une partie de la Macédoine & les côtes de la Thrace. L'église, qui est grande, mais sans voute, comme quelqu'une de nos anciennes églises de France, est consacrée sous le titre de l'assomption. On prétend qu'elle est l'œuvre de Constantin-le-Grand, & que les vestiges de feu qui se voient aux murailles extérieures, sont l'effet de l'impiété de Julien l'apostat qui la fit incendier. Quoi qu'il en soit, son mauvais état actuel est un indice non-équivoque de son antiquité.

Outre les marchés fréquens qui se tiennent à *Caridiés*, & qui y attirent un grand concours, il en est encore beaucoup d'autres au Mont-Athos, à l'occasion des Fêtes des Eglises, & des Chapelles principales. Alors on accourt de toutes parts à ces solemnités appelées par les Grecs *Panaghiri*. L'Evêque & l'Aga Turc ont coutume d'y être présens. Le Monastère ou le Prieuré est tenu d'ouvrir le réfectoire, & d'héberger tout ce qui n'est pas bas peuple, auquel on distribue néanmoins du pain & de la soupe. Il est tel Monastère qui supporte cette charge jusqu'à trois fois l'année : ce qui le constitue en une grande dépense.

Au reste, c'est en de pareilles Fêtes, très-communes dans toute la Grèce, & où les Turcs laissent aux Grecs toute sorte de liberté, que le caractère toujours extrême de ceux-ci, se développe dans toute sa force. Leur gaieté y est si exaltée, qu'ils oublient leur sujétion à la Puissance Ottomane. Souvent le plus abstinent, & le plus scrupuleux observateur des Carêmes, très-fréquent parmi eux, est le premier à s'enyvrer, & à donner l'exemple de l'intempérance.

A l'égard des richesses & des ornemens des Eglises du Mont-Athos, elles diffèrent beaucoup de celles des belles Eglises Latines d'Occident, qui n'en souffrent pas la comparaison pour la beauté, l'apparence & le goût. Cependant les principaux Monastères n'en sont pas dépourvus. Tous ont une quantité prodigieuse de lampes d'argent; on en compte en total plus de deux mille. Quelques-unes sont à vingt-quatre lumières, en l'honneur, dit-on, des vingt-quatre Prophètes; d'autres à douze, en l'honneur des douze Apôtres : ces retraites religieuses sont aussi riches en Missels, dont plusieurs sont couverts de lames d'or, ornés de diamans & d'émeraudes : d'autres, (& ce sont les plus communs) en lames & agraphes d'argent à la manière antique, comme on en voit encore en France & ailleurs.

Il y a pareillement beaucoup de Reliques d'or & d'argent, enrichies de pierres précieuses. Celle de Sainte Laure est la plus estimée de toutes, particuliérement à cause de quatre perles d'une grosseur extraordinaire qui font partie de son ornement.

La Croix, en forme de Reliquaire, du Monastère de Saint-Paul, est aussi d'un grand prix; c'est un don de Constantin-le-Grand, dont la cifelure représente les douze Mystères de la Vie de Notre-Seigneur; c'est-à-dire l'Incarnation, la Nativité, l'Adoration des Mages, la Présentation au Temple, le Baptême, la Transfiguration, l'Entrée à Jérusalem, la Cène, la Mort, la Résurrection, l'Ascension, & la Descente du Saint-Esprit.

L'or, l'argent, & les pierres précieuses brillent également au Mont-Athos sur les Tableaux & leurs quadres; les figures étant communément couvertes de lames de ces métaux, avec un certain mélange de couleurs & de ciselure propres à imiter les vêtemens des Saints, & autres Personnages qu'ils représentent, dont il ne reste à découvert que le visage. On voit aux Images de Vierges ou de Saintes de précieux coliers de perles ou d'émeraudes. Les têtes de toutes les figures peintes sont entourées de lames d'or ou d'argent en guise de couronne, & pour l'ordinaire avec quelques joyaux. Il n'est point d'Eglises où il n'y ait au moins un ou plusieurs Tableaux de ce genre. On en compte jusqu'à quatre à Sainte Laure. Les deux principaux, qui sont de Notre-Seigneur & de la Vierge, ont été donnés par l'Empereur Andronic Paléologue.

Du reste on n'y voit ni Statues, ni Bustes, ni Soleils, ni Ciboires, ni Chandeliers d'argent, comme en Chrétienté. L'Autel est totalement séparé du reste de l'Eglise par une cloison enrichie de dorures & de peintures, & ne permet à l'œil que ce qu'offre l'ouverture de deux petites portes latérales. Les Bas-reliefs & les Tableaux sont d'ordinaire très-médiocres & de mauvaises mains.

Pour ce qui est du régime spirituel & des usages des Religieux du Mont-Athos, on se contentera de dire qu'ils reconnoissent pour leurs Patriarches Saint Antoine, Saint Basile & Saint Saba, dont ils font profession de suivre la Règle.

Ces Religieux ne font point de vœux; & ce qui étonnera sans doute, c'est qu'on en trouve beaucoup parmi eux qui ignorent le tems de leur prise-d'habit. Ils se croyent tellement engagés devant Dieu & les hommes, qu'il en est peu qui veuillent changer d'état. Les Prêtres ne peuvent se marier, mais tous ont la liberté de sortir du Couvent, pour aller où il leur plaît. Ceux qui ne sont point Prêtres, peuvent quitter l'habit, & se marier. Leur vêtement est d'un drap grossier, comme celui de nos Capucins; ils font usage de chaussure, & s'ils le veulent, de linge de corps. Leur coeffure est un bonnet de feutre mal passé, rond, & assez prolongé pour couvrir les oreilles. Lorsque les Prêtres vont à l'Eglise, ils vêtissent une grande toge noire à manches larges. Ils ne font pas, comme en autres Pays Chrétiens, consister la perfection de la pauvreté à ne rien avoir en propre, & à dépendre entièrement du Supérieur pour leurs besoins; ils veulent que les inférieurs, sans avoir de capitaux, se procurent quelques revenus par leur travail; & à cet effet on leur retranche le vin deux jours la semaine au réfectoire, afin que ceux qui en veulent puissent en acheter du Couvent même, n'étant pas juste, disent-ils, que celui qui ne travaille pas soit traité à l'égal du laborieux.

Leur travail consiste dans la culture des terres, ou à faire quelque œuvre de dévotion, ou à écrire pour les autres, à quoi ils ont assez d'aptitude. Les œuvres de dévotion sont des Croix de bois ou d'ivoire, & des Reliquaires sans Reliques, mais seulement de diverses figures en bas-relief, taillés de manière à être portés au col, ou sur le sein. Leurs Ecrits, sont des copies de Lettres missives, de patentes, ou d'autres papiers à leur usage; de certaines prières mêlées des paroles de l'Evangile qu'ils vont distribuer aux Séculiers, lesquels y ont beaucoup de foi.

Une source de plus grand produit est celui des quêtes au-dehors. Des Religieux patentés de leurs Monastères vont parcourir diverses Provinces, passent en Valachie, en Moldavie, & quelquefois jusqu'en Russie. D'ordinaire ils en rapportent d'assez grandes sommes, desquelles il leur est permis de prélever une part pour fournir à leur nécessaire pendant la tournée. Celui qui a fait bonne collecte, est non-seulement sûr d'être bien reçu à son retour, mais pour peu qu'il ait d'ailleurs quelque mérite, on ne manque presque jamais de l'élever à la dignité d'Abbé du Monastère. L'usage veut que celui-ci se démette à son tour à la première occasion semblable ; car la précédence & l'autorité entre eux, n'a, comme on voit, rien de durable ni de conforme à celles des Abbés d'Occident. Quant au produit de ces quêtes, il sert principalement à l'usage du Monastère, à acquitter les impositions dues au Grand-Seigneur, comme à satisfaire aux avances ordinaires & extraordinaires suscitées par le Gouvernement Turc. Souvent il arrive aussi que ceux qui ont le maniement de ces deniers les négocient sans scrupule, les prêtent à intérêt, s'en font des amis, ou même se les approprient dans la vue de rentrer en possession de quelque Abbaye, & la plûpart, de prendre à ferme quelque bon Prieuré, duquel ils sont toujours sûrs de retirer chaque année au-delà de ce qu'ils s'obligent d'en payer au Monastère, les récoltes n'étant point sujettes en Turquie, aux mêmes inconvéniens que dans d'autres contrées de l'Europe, attendu la nature du climat.

Ce qu'on connoît d'une plus grande édification parmi les Religieux du Mont-Athos, c'est que, comme les Chartreux, ils font une rigoureuse abstinence de viande, & le plus éloquent Médecin ne parviendroit pas, dans les cas les plus dangereux de maladie, à leur faire enfreindre la règle à cet égard. Non contens de cela, ils ajoutent encore aux jeûnes prescrits par l'Eglise Grecque, qu'on sait être très-multipliés, s'abstenant la plûpart du tems d'œufs, de lait, & de poisson, dont ils sont souvent en disette, par la raison que les montagnes manquent de bétail. On n'y voit ni vaches, ni brebis, ni chèvres, ni poules, ni oyes, ni autres animaux qui se mangent. La pêche est d'ailleurs difficile, & de peu de succès autour du Mont-Athos, où la mer est très-profonde. Le vin y est mauvais, & ne peut se garder, parce qu'on s'y prend mal pour le faire. Le pain n'y est ni assez pétri, ni assez cuit; l'apprêt du manger est généralement à l'huile. En un mot les Religieux les plus austères d'Occident sont, en général, des Chanoines en comparaison de ceux-ci.

Ces Solitaires ne sont pas moins vénérés pour leur chasteté que par leurs jeûnes & leurs prières. En effet, ils ont une attention particulière à éloigner le sexe de leurs Montagnes, & ne s'en servent, pour quoique ce soit, du service de leurs maisons. L'Aga Turc qui commande au Monte-Santo, ne peut conduire ses femmes autour de ces retraites. Un Religieux coupable de fornication, même secretement, seroit banni pour toujours de l'Autel, & conséquemment exclu de la célébration des Saints Mystères.

Leur manière de chanter est apparemment moins fatigante que la nôtre : car ils passent au Chœur une grande partie du jour, & quelquefois de la nuit, spécialement aux Vigiles de grandes Fêtes, sans paroître en ressentir la moindre peine. Leurs cérémonies d'Eglise sont en général très-longues, & le grand nombre de Saints qu'on chomme au Monte-Santo y rend les Fêtes très-fréquentes.

Si d'un côté l'on considère les mortifications, les austérités, la manière humble de se vêtir de ces Religieux, & de l'autre leur profusion à élever des Autels au Seigneur, & à les décorer : ce qui paroît un sûr témoignage de leur foi & de la droiture de leurs intentions, il est difficile de leur refuser la vénération qu'inspire une vie aussi détachée des choses de ce monde.

On pourra être surpris qu'il se soit trouvé à la fois dans ces saintes retraites, des Solitaires de toutes Nations d'Europe, Hongrois, Polonnois, Allemands, François, Espagnols, Italiens, & même des Hollandois & Suedois. Sans-doute qu'on y rencontreroit plus spécialement aujourd'hui des Sujets Russes, auxquels les dernières circonstances en ont facilité l'accès.

Au reste, quoiqu'il ne manque pas de Bibliothèque ni d'anciens Manuscrits dans les principaux Monastères du Mont-Athos, il y a peu de Docteurs parmi ces Religieux. La plûpart, non lettrés, se contentent de savoir lire & écrire en leur Langue, & sont plus propres à chanter & régir le Chœur, qu'à produire des Ecrits savans ou instructifs. S'ils ont été grands zélateurs du schisme aux siècles passés, ils ne pensent guères aujourd'hui aux disputes qui ont fait autrefois tant de bruit parmi les Grecs, & occasionné leur séparation de l'Eglise Romaine.

I I.

DESCRIPTION *des Pays du département du Consulat de Salonique.*

LA ville de Salonique, située au fond du golfe de même nom, peut avoir une lieue de circuit : elle est bâtie en amphitéatre au bord de la mer, & elle est entourée d'une haute & vieille muraille, bâtie en briques, qui tombe en ruines dans plus d'endroits, & qui n'a été réparée que bien légèrement en 1775, sur l'avis de l'apparition de l'escadre Russe dans la Mer blanche. Il y a cinq forteresses, dont trois sur la mer, & deux au haut de la ville. Les premières sont garnies de canons de gros calibre à fleur de terre, & d'eau, mais en mauvais état. Il y a dans l'enceinte de celle des trois qui forment l'angle occidental de la ville, un magasin de poudre où l'on dépose tout ce qui se fabrique dans les moulins à huit lieues dans les terres. On tire de cet entrepôt pour approvisionner les places maritimes de la Morée, de Candie, &c., & celles de Bosnie & d'Albanie. Il n'y a dans les trois forteresses des mortiers & des bombes que pour la parade. Les autres deux forteresses, situées au haut de la ville, n'ont que très-peu de canons de petit calibre pour les salves, dans les occasions de solemnité. Enfin, la ville n'a pas la moindre défense du côté de la terre, étant en outre dominée par des colines très-voisines, & elle en a fort peu du côté de la mer, soit par le mauvais état de l'artillerie, soit par l'inexpérience des gens destinés à la servir.

On compte à-peu-près soixante-dix mille habitans à Salonique, dont trente mille Turcs, vingt mille Juifs, & quinze mille Grecs. Parmi les premiers, il y en a cinq mille environ, connus sous le nom de *Mamin*. Ils tirent leur origine d'un grand nombre de Juifs qui furent jadis forcés par les Turcs d'embrasser la religion mahométane, dans une assemblée qu'un imposteur, qui se disoit le Messie, avoit formée hors de la ville, & qui fut bloquée par ordre du Gouvernement, avec menace de la mort contre quiconque refuseroit de se déclarer Mahométan; ce qui fut exécuté unanimement en apparence, mais avec la réserve de judaïser en secret, comme le pratiquent encore presque tous leurs descendans, qui refusent invinciblement de s'allier avec les véritables Turcs. Lorsque le Gouvernement peut faire arrêter quelqu'un de cette secte dans les synagogues, il se contente d'ériger une forte avanie que tout le corps supporte ordinairement. Les Juifs, les Grecs & les Mamins sont entièrement adonnés à l'industrie & au commerce. Les Turcs marchands ne sont pas en grand nombre, presque tous vivant du revenu de leurs terres ou de l'intérêt de leur argent, qu'ils font valoir à vingt jusqu'à vingt-quatre pour cent l'année, ou enfin du bénéfice qu'ils trouvent en prenant des terres à ferme. Il n'y a presque point de Spahis dans le territoire de Salonique; mais on compte jusqu'à quinze mille Janissaires, quoiqu'il n'y ait réellement que douze cent payes attachées à la garnison de la ville, considérée comme une place de guerre.

Cette garnison consiste dans la seule trente-sixième

compagnie, qui a sa marmite en ville; mais la jeunesse turque se fait agréger de préférence à la deuxième, à la quarante-quatrième, ou à la soixante-douzième, toutes plus nombreuses que la trente-sixième, & qui se sont perpétuées à Salonique, à propos de leur séjour en d'autres tems, en qualité de garnison, avec leurs marmites respectives. Cette milice est fort inquiete & licencieuse; elle donne souvent de l'embarras au Gouvernement: elle vit dans l'aisance sans travailler, en vexant sourdement les Grecs, les Juifs & les Mamins. Elle s'est emparée des moulins, des fours, des boucheries, de la pêche, &c. Les bois à brûler, le charbon, les fruits, les herbages, enfin, tous les objets de première nécessité passent par ses mains, au grand détriment du reste des habitans, par ce monopole, qui s'exerce pour ainsi dire les armes à la main. Au reste, les Janissaires ne font qu'accorder leur protection aux Grecs & Juifs chargés de tous les détails de l'exploitation à leurs risques, moyennant des rétributions proportionnées à la considération de chaque objet. Il n'est pas hors de propos d'observer en passant que le retardement des payes qui sont dévolues aux plus apparens, chacun étant libre de vendre son titre pour avoir de l'argent, fait sans doute fermer les yeux sur les vexations privées qu'exerce la milice; car la paye qu'on a distribuée au commencement de 1777 est échue depuis 1771, ce qui suppose cinq années d'arrérages.

Le corps d'artillerie n'est composé que de *Mamins* qui n'y entrent que pour jouir de certains privilèges attachés à ce service, & de la protection des chefs, qui l'accordent d'autant plus volontiers, qu'ils profitent eux-mêmes de toutes les payes aussi arriérées que celles des Janissaires.

Au reste, ces *Mamins* ne connoissent point l'exercice du canon ni de la bombe; ils seroient fort embarrassés de remplir leur devoir, s'ils étoient dans le cas de défendre la place contre la plus petite escadre qui se présenteroit. Sur l'apparition d'une flotille russe en 1772, on eut recours à quelques Albanois pour servir l'artillerie dans les forteresses.

Le Gouvernement est militaire, comme dans tout l'Empire Ottoman. Il y a constamment un Pacha à trois queues, qui est revêtu de la souveraine puissance dans tout le *Sandgiac* ou district de Salonique. Il y a un *Molla* de la première classe, qui est le seul juge de toutes les causes civiles & criminelles. Il y a un Janissaire Aga qui a le grade de Colonel ou *Tchiorbadgi*, de la compagnie de trente-six, qui forment sa garde, & qui commande directement à tout ce qui est Janissaire. Il y a un *Nakib* qui a une jurisdiction particulière sur les *Emirs* ou parens du Prophète. Il y a un Archevêque grec qui, à l'ombre de l'autorité spirituelle, en exerce aussi une temporelle sur les Grecs. Enfin, il y a un grand Rabin, dont l'autorité est beaucoup plus efficace sur les Juifs que celle de l'Archevêque sur les Grecs, parce que cette dernière nation est naturellement revêche, indocile & peu instruite de sa religion, tandis que la première est strictement attachée à la lettre & au talmud, qui est si favorable aux Rabins. Les trois Puissances turques éprouvent un changement régulier chaque année : la Porte confirme cependant par fois le Pacha ou le Janissaire Aga pour une seconde année; mais jamais le Molla, dont le successeur arrive la veille du jour marqué pour son départ, qui est invariablement le premier jour de la lune de *Mouharem*, dans un village éloigné de quatre lieues. La ville reste dans cet intervalle sans Molla. Le Pacha n'a qu'un revenu modique, qui ne suffit pas à l'entretien de sa suite, composée quelquefois de mille personnes à son service, & d'un nombre proportionné de chevaux & mulets, &c., ce qui dépend du caprice du Pacha, ou de ses facultés. Dès-lors il est obligé de profiter des prétextes les plus frivoles pour arracher avec violence des sommes souvent considérables des communautés juives & grecques, des villages, des particuliers apparens & commodes, des Seigneurs turcs mêmes. C'est-là ce qu'on appelle avanies. L'autorité despotique & illimitée dont le Pacha est revêtu le favorise dans ses extorsions; les Janissaires seuls dépendent de lui indirectement: cette milice est subordonnée directement au Janissaire Aga : les coupables ne peuvent être châtiés par la prison, par les verges, &c. que par les Officiers de leur corps. S'ils méritent la mort, c'est au Janissaire Aga à les faire étrangler dans la forteresse, en conséquence d'une sentence du Molla; & il est d'usage qu'on tire un coup de canon pour chaque Janissaire qu'on étrangle, immédiatement après l'exécution. Cependant lorsque le bon ordre l'exige, pour arrêter les crimes de cette milice, le Pacha force le Molla à donner des sentences de mort sans remplir les formalités requises par la justice, & le Janissaire Aga à les exécuter. Il est encore en son pouvoir de déposer le Janissaire Aga, de le faire mourir même en cas de désobéissance ou de mauvaise conduite. Il le remplace par l'un des deux Officiers des Janissaires qu'il a toujours auprès de sa personne. Mais le plus souvent les Pachas usent de ménagemens, par considération pour les Officiers supérieurs de ce corps à Constantinople; ils ont toujours beaucoup d'égards pour les Mollas, qui leur réfiftent ouvertement, fous la protection efficace du Grand Seigneur & des gens de Loi de la capitale. Le Molla juge feul toutes les affaires en dernier reffort, exige un droit de dix pour cent fur la valeur de l'objet contefté, on de la partie déboutée, mais de celle à gain de caufe, ce qui favorife ouvertement les gens de mauvaife foi & les efprits turbulens. Il faut compofer en outre avec le Molla pour obtenir les fentences par écrit : les parties fe défendent elles-mêmes, n'y ayant ni avocat ni procureur. On décide fur les écrits obligatoires portant l'empreinte en encre du cachet du débiteur, où les noms font écrits au long ; mais il faut en outre le témoignage de deux perfonnes : les Turcs feuls peuvent être admis pour témoins contre un débiteur turc. Auffi eft-on dans l'ufage invariable de faire mettre à côté de chaque billet les noms des quatre témoins, fans quoi on rifqueroit d'être débouté, fi le débiteur venoit à nier fon cachet. Le Molla retire encore un droit de dix pour cent de tous les biens des fujets du Grand Seigneur qui meurent, fous le prétexte de la néceffité de prendre connoiffance defdits biens pour les conferver aux héritiers légitimes : mais ordinairement on compofe avec le Juge, pour éviter le défagrément des formalités, & le Juge s'y prête, bien affuré de ne pouvoir parvenir à découvrir l'argent, les bijoux, &c. qu'il eft fi aifé de fouftraire aux recherches les plus rigides.

L'induftrie du pays confifte en toiles fines de foie & de lin, qui font fort eftimées en Turquie, à Conftantinople même; en ceintures & feffes de Janiffaires, partie en foie, partie en laine; en divers ouvrages de foie, &c. néceffaires pour les habillemens à la turque. On recueille dans la ville de la foie fuperbe; mais elle ne fuffit pas pour tous les ufages qu'on en fait, & on y fupplée par celle de Zagora, qui eft affez fine, & par la foie groffe des villages voifins. La nation juive eft chargée exclufivement de la fabrication d'une certaine quantité de draps des plus groffiers, teints en bleu, pour le compte du Gouvernement, & qu'on diftribue annuellement aux Janiffaires de Conftantinople.

Il y a un grand nombre de petits villages habités par des Turcs, connus fous le nom de *Yuruks* : ce font les defcendans de la colonie qui fut tranfplantée de la Turcomanie en Macédoine, lors de la conquête, pour contenir les Grecs récemment fubjugués. A cet effet, ces villages furent bâtis fur le penchant des montagnes ou fur les colines, de diftance en diftance, tandis que les Grecs habitent les plaines. Les *Yuruks* ont été de tout tems bergers; & lorfqu'il y a des guerres, on en fait des levées pour fuivre les armées, en qualité de pionniers : mais depuis quelque tems ils fe font adonnés à la fabrication de certains gros draps appelés *abats*, de diverfes qualités; non-feulement ils s'en habillent prefque tous, mais encore ils fourniffent à toutes les provinces de la Turquie en Europe & en Afie, & aux nations étrangères établies à Salonique, qui les expédient à Marfeille, à Venife & à Livourne.

Les Grecs exploitent le trafic des capots, dont on fait un grand ufage dans ce pays, en particulier les gens de mer & les voituriers. C'eft une efpèce de drap très-fort, pluché en dedans, & fait avec de la laine noire, connu fous le nom de *fcouty* : il eft très-propre à garantir de la pluie & du froid; mais a le défaut d'être trop pefant.

Le plus beau est fabriqué dans les montagnes de Zagora.

Salonique est l'échelle de l'entrepôt de presque toute la Turquie européenne ; aussi y aborde-t-il beaucoup de bâtimens & de marchandises de tous les ports de l'Empire Ottoman, d'Alexandrie & d'Egypte en particulier, de toutes les places maritimes de chrétienté, de Londres même en droiture. Il y a un abord continuel de marchands des provinces voisines, qui achetent des marchandises, & les charient jusqu'à l'extrêmité de la Bosnie, vers le Danube & la Mer noire. Il y a ensuite les marchands de Salonique, qui en charient beaucoup aux diverses foires qui sont à leur portée, & dont les principales sont *Ceres*, qui se tient en Janvier, à 15 lieues de Salonique ; *Zeitun*, *idem* en Mai, à 50 ; *Silimia*, *idem* en Mai, à 120 ; *Ouzougiova*, *idem* en Septembre, à 100 ; *Doglia*, *idem* en Décembre, à 18 ; ce qui suppose une totalité immense de consommation chaque année.

La nation Juive chargée de la fabrication des draps du Grand Seigneur, jouissoit des privilèges exclusifs d'acheter les laines nécessaires au prix bas & fixé de douze aspres l'oque, tandis qu'elles ont valu constamment plus de trente aspres ; & ce n'étoit qu'après qu'elle étoit pourvue que les nations étrangères pouvoient acheter. Mais comme il étoit peu praticable, dangereux même pour les Juifs de ne payer qu'au prix trop désavantageux de douze aspres les laines appartenant presque toutes aux Seigneurs turcs & aux Janissaires apparens, ils ont su trouver un autre expédient pour parvenir à leur but sans se compromettre. Ils ont obtenu de la Porte des ordres qui les autorisent à retenir la quatrième partie de toutes les laines qui entrent dans la ville, & à ne la payer qu'au prix primitif de douze aspres l'oque, ce qui est une tyrannie manifeste pour les négocians étrangers, & en particulier pour les François, qui achetent constamment toutes les laines surnuméraires, pour les expédier à Marseille, où elles sont assez estimées par leur finesse. Il n'a jamais été possible de se soustraire à cette tyrannie, malgré les plus fortes représentations, parce qu'il s'agit d'un article prohibé, & dont il n'est pas fait mention dans les capitulations, non plus que du tabac, du bled & autres grains, légumes. La prohibition est des plus rigides; elle est invariable pour tout ce qui est denrée, au point qu'on n'accorde qu'avec peine la permission d'embarquer une quantité très-bornée de biscuit, de légumes, &c. moyennant un ordre du Molla, contre-signé par le Pacha, dont chaque Capitaine est obligé de se munir par l'assistance des Drogmans.

Quant au tabac, dont le meilleur ne vaut que dix parats l'oque à la campagne, & le plus inférieur quatre, il est sujet à une douane d'entrée, à raison de quatre parats l'oque, sans distinction de qualité, & à une autre de sortie, sous le nom de bedéat, à deux parats pour tout ce qui passe en chrétienté. Il n'est question que de demi-parat pour ce qu'on expédie dans les échelles de Turquie par les bâtimens francs; & les tabacs qui passent dans lesdites échelles par les bâtimens du pays, sont exempts de tout bedéat. C'est Sultan Mustapha qui a établi ces droits excessifs sur le tabac en feuille. C'est lui aussi qui a érigé en ferme le tabac en poudre importé de l'étranger, & saisi en contrebande. Le fermier laisse pourtant entrer librement les petites provisions que les Consuls & les Négocians étrangers font venir de la chrétienté pour leur usage, sans exiger le plus petit droit. Au reste, la confommation du tabac en poudre n'eſt pas encore étendüe dans ce pays, mais elle augmente annuellement.

Les Grecs font feuls en poffeffion du commerce de pelleterie qui eſt confidérable, on les tire des provinces feptentrionales de la Turquie, de l'Allemagne, de la Pologne & de la Ruffie, par la médiation des diverfes foires où les peliffiers de Salonique vont revendre ces peliffes duement préparées, en même tems qu'ils acquièrent les pelleteries non ouvrées. On exporte annuellement par mer de Salonique en chrétienté, en Egypte & autres pays de la Turquie, les marchandifes mentionnées ci-après, celles du pays & des environs, favoir; quinze à vingt mille balles coton en laine qu'on tire de Cerès; trente-cinq à quarante mille balles de tabac qu'on recueille dans les contrées voifines.

Deux à trois mille balles de laine furge & pellade que le pays produit, des foies de Zagora, des cires jaunes, des peaux de lièvres, des abats, des éponges, des blés dont une partie paffe à Conſtantinople fous le titre d'*iſtretira*, & le furplus eſt exporté en contrebande pour la chrétienté.

L'importation eſt également confidérable, l'Egypte fournit une grande quantité de riz, lins, fil de lin, toilerie de lin, fel ammoniac & *kena*. La Syrie fournit des bourres de Damas en quantité, dont la confommation eſt très-étendue.

Smirne, Scalanove, Negrepont & Athènes des favons, des figues, des raifins fecs, des alizés pour la teinture, des cotons filés en rouge, enfin de toutes fortes de productions de la Hollande dont les gens du pays vont fe pourvoir dans cette échelle faute de magafin de cette nation à Salonique.

L'isle de Candie, des huiles d'olive, des savons, des citrons, oranges & autres fruits.

L'isle de Scio, beaucoup d'étoffes, tant simples qu'en or & argent, qui se fabriquent dans le pays, & qui, par le bon marché, sont préférées à celles de Lyon, dont le débit est arrêté par là dans ses progrès; des citrons, oranges & autres fruits.

Les isles de Schiata, Scopoli & autres du voisinage, du vin, des citrons, oranges & autres fruits.

Constantinople, Angora, Alep & Andrinople fournissent des étoffes de diverses espèces indirectement par la médiation des foires.

Les Consuls & Vice-Consuls établis sur l'échelle avec berat du Grand Seigneur, protègent immédiatement les sujets de leurs Princes respectifs qui y restent ou qui y passent en vertu des capitulations. Il y a quatre Consuls, qui sont ceux de France, d'Angleterre, de Venise & de Hollande; & quatre Vice-Consuls, qui sont ceux d'Allemagne, Dannemarc, Naples & Raguse. On y compte plusieurs maisons de diverses nations.

Le nombre des barataires jouissant de la protection des Puissances étrangères avec l'agrément du Grand Seigneur n'est pas fixe; mais il est devenu considérable depuis deux ou trois années que certains Vice-Consuls font agir toutes sortes de ressorts de concert avec leurs Ministres à Constantinople, pour obtenir des barats en faveur de tous les sujets du Grand Seigneur, Grecs ou Juifs, qui offrent le plus d'argent. C'est un trafic honteux qui produit un mauvais effet vis-à-vis les Turcs; car ceux-ci, accoutumés à traiter sans ménagement tout ce qui est *raya* ou sujet conquis, ne peuvent pas voir d'un œil tranquille de nouveaux barataires du plus bas état jouir d'une protection qui les souftrait à leur domination; ce qui entraîne des tracafferies continuelles, & infirme en quelque façon la protection légitime. Pareil défordre n'avoit pas lieu fous le regne de *Sultan Muftapha*, qui avoit aboli les *furets*, & avoit réduit le nombre des barataires accordés à chaque puiffance. Les principales nations, & fur-tout la Françoife, ne fe font pas écartées du fyftême fage de n'avoir pour barataires que des gens diftingués dans le pays, & en petit nombre.

Les villes principales de l'intérieur du pays qui ont des relations intimes avec Salonique pour le commerce, font Cerés, Lariffa & Caraferia. La ville de Cerés, éloignée de feize lieues, eft affez grande & confidérable; mais elle n'a ni rempart ni fortifications, comme toutes les autres villes de l'intérieur de la Turquie, fuivant la politique connue du Gouvernement Ottoman: on voit feulement au haut de la ville les ruines d'un grand château. Le commerce y eft immenfe, par rapport à une récolte très-confidérable de cotons qui fe fait dans une plaine de douze lieues en long, fur quatre à cinq de large, qui va aboutir à l'échelle d'Orphano. On calcule qu'il fort annuellement de ce pays-là de cinquante à foixante mille charges de cotons de cent cinq oques l'une, dont les deux tiers paffent par terre dans les provinces feptentrionales de la Turquie d'Europe, en Allemagne, en Pologne, &c. Le tiers reftant aboutit à Salonique, d'où l'on fait l'expédition par mer à Marfeille, à Venife, à Livourne, à Triefte, à Gênes & à Londres. Outre ces cotons, ce pays-là produit de beaux bleds, de toutes fortes de grains au delà de la confommation des habitans. La Porte tire par l'échelle d'Orphano un *ichetira* confidérable pour l'approvifionnement de la capitale. Le Commandant du pays n'a que le titre de Vaivode, & le Juge que celui de fimple *Cadi*. Mais il y a un nombre de Beys riches qui sont sans cesse en discussion, à-peu-près comme en Egypte, qui se supplantent les uns & les autres dans la charge de Vaivode, & le plus souvent il en coûte la vie au plus foible ou au plus imprudent. Les Turcs sont les plus nombreux dans Cerés. Il n'y a presque point de Juifs établis, & il n'y a qu'un petit quartier séparé pour les Grecs, appelé en turc *vavouch* : mais les nombreux habitans de la plaine sont généralement tous Grecs. Il y a beaucoup de Janissaires commandés par un Aga de leur corps, qui sont toujours en guerre avec les Spahis, assez nombreux aussi. Ceux-ci marchent sur le premier ordre de la Porte, & pareils ordres sont fréquens. Le Vaivode reste en place tant qu'il vit ou qu'il conserve la supériorité sur ses compétiteurs, soit par sa vigilance, soit par le nombre de ses adhérens, soit par des présens faits à propos aux gens en place à Constantinople. Le Cadi & le Janissaire Aga sont changés régulièrement tous les ans. Au reste, Cerés est sous la dépendance du Pacha de Romelie, résidant dans la ville de *Monastir*. La rivière qui arrose la plaine de Cerés dans toute sa longueur, & qui a son embouchure à Orphano, quoique considérable, n'est pas navigable, même pour les bateaux.

Larissa est la ville la plus grande de la Thessalie. A trente lieues de Salonique, les Turcs forment le plus grand nombre de ses habitans. Il y a peu de Grecs & de Juifs; ils y sont cruellement vexés par les Turcs, plus fanatiques & plus méchans là qu'ailleurs, d'autant que le grand nombre tire son origine de renegats grecs ou des Albanois, qui sont naturellement avides & barbares. Les Turcs, comme les Grecs & les Juifs, sont adonnés au commerce, qui s'étend en Morée, en Albanie, en Macédoine; Larissa se trouvant au centre des trois provinces. A Tournaveghia & Macronissa, qui sont des bourgs considérables dans le voisinage, il y a beaucoup de teinturiers pour les cotons filés en rouge, qu'on charie par terre en Allemagne. On tire les cotons filés blancs de Pharsale & autres lieux de la Thessalie, & l'alizar nécessaire pour cette teinture, de Smyrne, par le port de Volo. C'est une branche de commerce très-étendue. Il y a un Molla de la première classe à Larissa, ainsi qu'un Janissaire Aga ; mais il n'y a qu'un Musselim, à la nomination du *Beylerbey* de Romelie, sous la dépendance duquel est cette ville, quoique dans un grand éloignement de Monastir. Il y avoit pourtant un Pacha pendant la guerre des Russes. Il y a beaucoup de villages turcs *Yuruks* dans la dépendance de Larissa, d'où l'on tire de la milice pour la marine.

Carascria, qui n'est éloigné de Salonique que de douze lieues, est une ville assez grande, & très-agréable : elle est bâtie sur le penchant d'une des montagnes qui séparent la Macédoine de l'Epire. Il y a peu de Turcs, & presque point de Juifs. Les Grecs y dominent. Elle est renommée, moins encore par l'abondance des eaux qui coulent dans toutes les rues, que par leur qualité favorable à la teinture des cotons filés en rouge, qui passent en Allemagne par terre, comme ceux de Tournavo, & autres bourgs du voisinage de Larissa. On fabrique dans la même ville une quantité grande de linge à barbe & de bain, en fil de lin d'une grande blancheur, dont on fait usage dans capitale & les autres villes principales de l'Empire, préférablement à tout ce qui se fabrique ailleurs. Elle est de la dépendance du Pacha de Salonique. Il n'y a qu'un Vaivode & un Cadi, & point de Janissaire Aga, parce qu'il y a très-peu de milice.

Les places maritimes qui peuvent être confidérables font la Cavale & le Volo.

La Cavale, éloignée de Salonique de trente lieues environ, du côté de l'Eft, eft une petite forterefle bâtie fur une peninfule un peu élevée, fous les ordres d'un *Dizdar* ou Châtelain, qui a aufli le titre de Vaivode, nommé par la Porte, & à qui font confiés les prifonniers d'état qu'on relègue dans la même forterefle. La côte fur laquelle elle eft fituée n'eft autre chofe qu'une chaîne de colines tout à fait ftériles & inhabitées. Il ne s'y fait qu'un petit commerce en tabacs, qui y font chariés par terre & par mer, de la plaine de *Yenidgé*, très-fertile en pareilles feuilles; mais c'eft une échelle d'entrepôt où il y a une douane & où aboutiffent les marchands d'Egypte, de Smyrne, &c. & les produits de l'île de Taffe, qui eft vis-à-vis & à deux lieues de diftance feulement, deftinés pour l'intérieur du pays. On y charge en même-tems pour l'arfenal de Conftantinople des boulets de fer qui fe fabriquent à *Privifta*, petite ville du voifinage. Il y a une maifon françoife à la Cavale qui exploite quelques marchandifes de France & des Colonies à *Yenidgé*, *Dramma*, *Gumurdgina* & autres bourgs des environs. Elle exporte des laines furges & pellades qu'elle tire du même lieu, des cotons de la plaine de Cerés, enfin des huiles & des cires de l'île de Taffe pour Marfeille. La Cavale eft fous la dépendance du Pacha de Salonique.

Le Volo n'eft autre chofe qu'un petit village bâti au dehors d'un château affez fort, fitué au fond du golfe du même nom, à 48 lieues à l'Oueft de Salonique, & à 12 feulement de Lariffa; mais c'eft l'échelle où aboutiffent toutes les marchandifes de l'Egypte, de Smyrne, de Candie, &c. deftinées pour ladite ville & pour toute la

Theffalie, & où l'on embarque le peu de produit qu'on exporte. Il y a une douane dépendante de Lariffa. Ce pays mérite une confidération particulière par l'immenfité des bleds durs & magnifiques qu'on y recueille & qui s'y chargent en contrebande pour les places maritimes de la chrétienté, outre l'*ichetira* que la Porte retire pour l'approvifionnement de la capitale.

Il y a cinq golfes affez confidérables dans la dépendance de Salonique : ce font ceux de Salonique, du Volo, de Caffandre, de Monté-Santo, de Rhondine ou Conteffe.

Les montagnes de Zagora, qui occupent la côte occidentale du golfe de Salonique, font remplies d'habitans grecs qui font une récolte de trente mille oques environ de foie fine. Ils fabriquent encore avec de la laine noire des étoffes fortes, connues fous le nom de *fconty*, & propres pour faire des capots dont les hommes & les femmes 'shabillent, & que les gens de mer en général eftiment beaucoup, ce qui entraîne une confommation très-étendue. Au refte, les habitans de *Zagora* n'ont que la reffource de leur foie & de leur *fconty* pour fe procurer du bled & autres objets de fubfiftance dans les plaines de Theffalie qui font au delà de leurs montagnes, où l'on ne recueille qu'un peu de vin, & où l'on ne peut nourrir que des chèvres. La côte occidentale, y compris la peninfule de Caffandre, eft un pays bien cultivé par les Grecs, & très-fertile en beaux bleds durs, qui fortent en contrebande, & paffent en chrétienté. On tire de la côte feptentrionale tout le bois de chauffage & le charbon néceffaire pour la ville. On y charge du bois de charpente pour l'île de Candie. On y recueille auffi du chanvre dont on fait des cordages pour les bateaux du pays, & pour d'autres ufages : on y
fait

fait même fabriquer des cables pour des gros bâtimens dans les besoins preffans; mais ils ne valent pas grand'chofe : enfin, on charge du bled en contrebande, partie dur, partie tendre & de l'orge qu'on tire des plaines du voifinage, qui font très-fertiles en toutes fortes de grains & de légumes.

Tous les rivages du golfe du Volo, fitués à l'Oueft de celui de Salonique, font habités par des Grecs cultivateurs. Les bleds, les autres grains & légumes qui s'y recueillent font exportés en contrebande, comme il a été dit plus haut. Le port de *Tirchery* eft le lieu d'entrepôt où les bâtimens francs abordent, & où les bateaux du pays fe rendent avec les bleds, &c. qui vont charger de nuit fur les côtes du golfe, même dans celui de *Zeïton*, qui eft fitué au delà. On y charge encore du bois de chauffage pour l'Egypte.

Dans le golfe de Caffandre, fitué à l'Eft de Salonique, on recueille beaucoup de bled qu'on exporte tout en contrebande. Le pays produit en outre de la cire & du miel : enfin, on y fait des chargemens de bois de chauffage pour l'Egypte & pour l'île de Candie. Tous les villages des côtes font habités par des Grecs. Le golfe de Monté - Santo ne fournit que bien peu de bled, mais beaucoup de bois de chauffage qu'on charie en Egypte & en Candie.

C'eft quelque chofe de très-confidérable que la quantité de bois de charpente & de chauffage qu'on tire du golfe de Rhondène ou de Conteffe, pour Smyrne, pour l'Egypte, pour l'île de Candie, &c. Il y a fans ceffe des bâtimens en charge ; il n'eft queftion-là ni de bled ni d'aucun autre produit, parce que les côtes de ce golfe font ou couvertes de bois qui s'étendent au loin dans les terres, ou totale-

Q

ment arides, à raifon des mines d'argent qui s'y trouvent. Le village de *Sidero Capra*, qui eft à trois ou quatre lieues de la mer, eft l'entrepôt de l'argent qu'on tire des mines. C'eft un Aga de Salonique qui les fait exploiter, moyennant une fomme confidérable qu'il paye annuellement à la Porte. Tous les villages à la ronde éloignés de deux lieues font exempts de toutes fortes d'impôts, fous l'obligation de fournir *gratis* tout le bois & charbon néceffaire pour l'exploitation des mines. Ces pauvres villageois, quoique exempts d'impôts, n'en font pas moins malheureux, parce que l'Aga ou fes repréfentans les vexent impunément d'une autre façon. Au refte, cet Aga eft obligé de fournir du plomb à la Porte pour une partie de fa redevance; comme les mines n'en fourniffent pas affez, il eft obligé d'acheter une partie de celui d'Angleterre & d'Hollande, & le tout paffe à Conftantinople, au rifque & aux frais de la Porte.

La péninfule de Monté-Santo mérite attention par rapport aux vingt-quatre Monaftères grecs bâtis de diftance en diftance, prefque tous au bord de la mer, dans de petites plages agréables. Il n'y eft queftion d'aucune culture ni d'aucun commerce, le pays étant montagneux & couvert de bois jufqu'au bord de la mer. Les femmes font totalement exclues de toute la contrée; on n'y admet même aucun animal domeftique du fexe féminin. Les Moines, qui font en très-grand nombre, font un carême perpétuel; ils ne mangent jamais de viande, & très-rarement du poiffon. Les Monaftères font plus ou moins confidérables. Celui de Sainte Laure tient le premier rang; on prétend qu'il eft affez riche pour rebâtir les autres vingt-trois Monaftères, & que ceux-ci ne pourroient tous enfemble rebâtir celui-là. Les Moines jouiffent d'une entière liberté dans l'exercice de la religion grecque, à l'ombre d'un *Khat-cherif* du Grand-Seigneur, qui fit la conquête de la Macédoine. Chaque Monastère a son clocher avec des grandes cloches, comme en chrétienté, ce qui n'est toléré ni en grand ni en petit dans les villes ni dans les villages. Il n'y a d'autres Turcs qu'un Aga, qui fait sa résidence dans les villages les plus proches des Monastères hors de la peninsule : il est subordonné aux Abbés des Monastères : c'est lui qui se présente lorsque des Turcs abordent par mer, ou qu'ils veulent entrer par terre. C'est lui encore qui est chargé de défendre la cause des Monastères par-devant le Pacha & le Molla de Salonique, sous la dépendance desquels ils sont, à propos des avanies que ces Puissances leur suscitent assez fréquemment, & sous les moindres prétextes, & des procès qui s'élèvent par rapport aux terres immenses qu'ils possèdent dans le continent, jusqu'aux portes de Salonique, & qu'ils font cultiver pour leur compte. Ces Monastères sont des espèces de forteresses ; il y en a qui ont double enceinte de murailles, & celui de Sainte Laure a même le privilège de posséder quelques pieces de canon. C'est ordinairement à Monté-Santo que sont exilés les Patriarches de Constantinople déposés.

Il y a quatre autres grands Monastères dans ces montagnes voisines de Salonique. Le premier est situé à cinq lieues de cette ville ; le second, sur le penchant du mont Olimpe ; le troisième, à deux lieues de Cerés ; & le quatrième, à une lieue de Caraféria. Ils sont dans le même goût que ceux de Monté-Santo, à tous égards. Il y a beaucoup d'abstinence dans ces Monastères, mais peu de vertu & de mœurs, & point de science absolument, quoiqu'il y ait des bibliothèques de conséquence dans les principaux, & des manuscrits précieux. Au reste, c'est toujours à force d'argent & de cabale que les Moines parviennent à devenir Abbés, comme aux places les plus éminentes de la hiérarchie. C'est pourquoi ils postulent avec chaleur auprès des Abbés les commissions lucratives d'aller en pélerinage dans la chrétienté, particulièrement dans la Russie, où le rit grec étant dominant, & les peuples moins éclairés, il est plus aisé de recueillir d'amples aumônes, sous le prétexte de secourir les Monastères opprimés par les Turcs, en tombant en ruines par vétusté, mais seulement dans la vue de devenir Abbés, Evêques, Patriarches même. Il y a à observer qu'il n'y a point de vestiges d'aucun Monastère qui ait jamais existé dans Salonique, ni dans les autres villes du voisinage. Les Eglises, qui sont assez nombreuses, sont desservies par des simples Prêtres mariés, qui ne sauroient parvenir, sous aucun prétexte, à la prélature réservée aux Moines : mais on laisse si peu de ressource à ces Prêtres pour leur entretien & celui de leur famille, qu'ils exigent sans délicatesse de l'argent de leurs paroissiens dans toutes les fonctions de leur ministère. L'instruction du peuple est totalement négligée par l'ignorance des gens d'église en général, sur-tout dans les campagnes : il est rare de voir quelque Moine prêcher dans les villes & villages, même pendant les quatre carêmes, que cette nation observe, au reste, très-rigidement ; mais tout le reste est négligé.

Il y a plusieurs îles voisines de Salonique, & les principales sont Sciatta, Scopoly, Celidroni & Tasse.

Les trois premières, situées à l'embouchure du golfe de Salonique, produisent de bon vin, que les habitans vont vendre avec leurs propres bateaux à Constantinople, à Smyrne, à Salonique, à Corfou, à Venise même, où ce vin est très-estimé. Il y a encore une forte récolte d'oranges, de citrons & d'autres fruits qui se consomment dans les échelles de Turquie. On y fait encore dans les autres petites îles désertes du voisinage des chargemens de bois à brûler pour l'Egypte & l'île de Candie. On y recueille enfin du goudron au delà du besoin pour l'usage des bateaux du pays, & un peu de soie assez fine.

L'île de Tasse, située à trois lieues de la Cavale, est couverte d'oliviers jusqu'au bord de la mer. On y recueille par conséquent beaucoup d'huile; mais elle ne peut servir que pour les savonneries, parce qu'elle est très-mal soignée. Il y a dans l'intérieur de grands bois qui peuvent servir à la construction des gros bâtimens, même des vaisseaux de ligne. On y charge sans cesse du bois de chauffage pour l'Egypte & l'île de Candie. Les abeilles réussissent très-bien dans cette île, aussi y a-t-il une récolte considérable de cire & de miel. Ce dernier & une portion de l'huile passent par la Cavale dans le continent ; le reste de l'huile & toute la cire sont expédiés à Marseille par la maison françoise. Lago, qui est un port désert situé au delà de la Cavale, de même que les îles de Lemnos, Saint-Estiale, Samandactre & Iméros, ne produisent que de la vallonie propre pour les tanneries.

Zeyton, situé au fond du golfe du même nom, au delà de celui de Volo, est près de la grande île de Negrepont. La rade de Salonique est très-bonne, si on en excepte la partie orientale, où il y a beaucoup de basfonds qui s'étendent à une certaine distance vers le cap *Bournous*. Ces bas-fonds sont formés par la vase que le Vardar charie sans cesse. Il n'y a donc presque point de danger pour les bâtimens qui y échouent fréquemment, faute de sonder avec vigilance. La flotte la plus nombreuse pourroit séjourner dans cette rade avec sécurité, malgré les vents les plus violens ; il n'y a que le vent d'Ouest qui incommode les bâtimens marchands & les bateaux du pays qui mouillent près de la ville, parce que la mer y est très-grosse par ce vent-là, qui, au reste, entre rarement. Toute la partie orientale de la rade & du golfe dans toute sa longueur, jusqu'au cap *Pailloris*, à l'extrêmité de la presqu'île de Cassandre, est propre pour le mouillage, si on en excepte les diverses pointes de sable qui s'avancent partie à fleur-d'eau, partie sous l'eau, qu'il faut éviter soigneusement, & qui sont exactement marquées sur la carte. La côte orientale de la rade est fort bonne encore, en évitant de trop approcher les bas-fonds ; mais celle du mont Olimpe & de Zagora est très-dangereuse, par rapport à la profondeur de l'eau, même à toucher la côte qui forme le pied des montagnes, sans le moindre port ni abri pour les vents du Nord-Est, qui sont très-ordinaires pendant l'Automne & l'Hiver, & qui soufflent non-seulement avec violence, mais encore entraînent des pluies & des orages qui ne permettent pas aux navigateurs de distinguer la terre : il y a encore l'inconvénient des courans, qui ont leur direction de l'Est à l'Ouest. Les naufrages sur cette côte sont funestes & pour les bâtimens & pour l'équipage, qui sont écrasés par la mer contre les rochers écartés du rivage, en y abordant avec la chaloupe, ou sur les débris du bâtiment, ou à la nage. Il y a beaucoup de sûreté pour tous les vaisseaux de guerre dans le golfe de Volo, & à *Xerokhory*, situé à la tête de l'île de Negrepont, vis-à-vis du Volo. La côte orientale du golfe de Cassandre a trois ports, S. Kiriaki, port Touron & port Couffo ; mais ce dernier, qui est le plus sûr dans l'intérieur, a l'embouchure étroite & difficile par conféquent, pour peu que la mer foit agitée, de forte que les relâches dans ce port ne conviennent qu'à la dernière extrêmité, parce qu'elles entraînent quelques dangers, & bien fouvent des féjours très-longs en hiver. Quant à la côte orientale de ce golfe, il n'y a point de mouillages convenables pour les vaiffeaux de guerre; à peine les bâtimens de commerce peuvent-ils aborder dans certains petits ports pour charger du bled en contrebande. Le golfe de Monté-Santo ne fournit proprement qu'un bon port pour les vaiffeaux de guerre; c'eft à *Poliani*. Le port Figuière n'eft propre que pour les bâtimens marchands. La peninfule de Monté-Santo ne fournit aucun abri, ni d'un côté ni d'autre, même pour les bateaux appartenans aux Monaftères, qu'on tire dans les petits arfenaux que chacun de ces Monaftères a fur le rivage, y ayant un fond immenfe par-tout fous les montagnes contigues au mont Athos. Les vents d'Eft & de Sud donnant à plein dans le golfe de Rhondine, & n'y ayant aucun port fur toute la côte, les bâtimens n'y font en fûreté que pendant l'Eté; ceux qui y abordent dans les autres faifons s'approchent beaucoup des rivages, & les mettent à l'abri de certaines pointes avancées; mais ils comptent affez inutilement fur leurs cables & leurs ancres : les vaiffeaux de guerre ne pourroient y aborder qu'en Eté, en mouillant au large.

La plage d'Orphano eft tout-à-fait à découvert, fi ce n'eft du vent du Nord. Il n'y a qu'un bon mouillage pour les bâtimens marchands, à l'embouchure de la rivière de Cerés, qui a formé un abri pour les fables qu'elle charie; mais il n'y a pas affez de fond pour des vaiffeaux de guerre, qui pourroient feulement mouiller au large pendant la belle faifon, où les vents de Sud foufflent rarement.

Il n'y a qu'une espèce de port situé sous la forteresse de la Cavale ; il est fermé par un petit rocher qui s'avance du côté du Sud-Ouest, & qui empêche la grosse mer d'entrer ; mais il n'y a ni assez de fond ni assez d'étendue pour des vaisseaux de guerre, qui ne sauroient mouiller qu'au large, & resteroient exposés à toute la violence des vents & de la mer. L'île de Tasse a des mouillages excellens pour les vaisseaux de guerre, sur-tout entre l'île & le continent. Les vaisseaux de guerre turcs mouillent ordinairement dans le port de l'île de Sciatta, qui est très-bon. Il n'y a que le port Palerme, sur l'île de Scopolly, qui peut servir pour les bâtimens de commerce, mais point pour les vaisseaux de guerre, parce que l'entrée est étroite & le port aussi. On y a vu jusqu'à deux frégates russes pendant la dernière guerre. Les gros bâtimens marchands évitent tant qu'ils le peuvent d'y entrer, parce qu'il est difficile d'en sortir avec la mer agitée, & que dès-lors on est forcé quelquefois d'y séjourner long-tems. Le canal de Celidroni est un lieu de sûreté pour les vaisseaux de guerre. Les bâtimens de commerce préfèrent ce mouillage au port Palerme de Scopolly, parce que non-seulement ils ne risquent rien en entrant comme en sortant, mais encore parce qu'ils ne restent pas sequestrés long-tems. Toutes les autres îles du voisinage n'ont pas de mouillage pour les vaisseaux de guerre, & presque point pour les petits bâtimens, s'ils viennent dans quelque cas extrême.

Fin de la Turquie d'Europe.

TABLE ALPHABÉTIQUE

Des noms anciens des Villes, &c. avec les noms modernes qui y répondent.

Noms Anciens.	Noms Modernes.	Pag.
A		
Acarnanie	*Carnia*, ou *Carnie*	40
Acarnaniens		41
Achaïe	Duché de *Clarence*	19
Achéens		20
Acheloüs, fleuve	*Aspro-potamo*	39
Achéron, fl.	*Chrysaora*	45
Actium, lieu	*Azio*	41
Alphée, fl.	*Rofëas*	17, 23
Aluta, fl.	*Olt*, ou *Aluta*	68
Ambracie, golfe d'	Golfe d'*Arta*	45, 46
Amphissa	*Salona*	37
Amiclèes		14
Andros, île	*Andro*	54
Aoranius, fl.		24
Apollonie	*Polina*, en ruines	46
Apulum	*Alba-Julia*	69
Arachtus, fleuve		45
Ararus, fl.	*Siret*	68
Arcadie	*Arcadia*	23
Arcadiens		26
Argiens		12
Argolide	Partie de la *Sacanie*	19
Argolique, golfe	Golfe de *Napoli*	10
Argos Hippobotos	*Argo*	11
Argos Amphilochicum	Canton nommé *Filoquia*	41
Asopus, fl.		21

Noms anciens.	Noms modernes.	Pag.
Athènes	Athénes, ou Atheni	27
Athéniens		28
Athos, mont	Aghion-oros en grec ; Monté-Santo en italien	56, 201
Attique		27
Avas, fleuve		45
Aulis en Aulide		34
Axius, fl.	Vardari	47

B.

Béotie		31, 35
Blaquernes, *fauxbourg de* Constantinople (1)		59
Bogus, fleuve	Bog	71
Borysthenes, ou *Danapris*	Dniéper ; en turc, Ozou	71
Buthrotum	Butrinto	46
Bysance, *ou* Constantinople	Stambol	58
Bosphore Cimmérien	Détroit de Zabache	72
Bosphore de Thrace	Détroit des Dardanelles	60

C.

Calidon		39
Cenchrée		22
Ceos, île	Zia	54
Céphallénie	Céfalonia	51
Céphisus, fl.		35

(1) J'ai dit dans cet article, page 56, que ce nom lui venoit de la *fougère* qui croissoit en ce lieu. Les Grecs actuels de Constantinople en donnent une autre origine. Selon eux, des *Vlaks*, ou *Blaks*, appelés depuis *Valaks*, avoient, sous les Empereurs Grecs, établi en ce lieu une petite chapelle avec une image de la Ste Vierge. De-là, le nom de *Blak*, ou *Blaquernes*.

DES NOMS ANC. ET MODER. 251

NOMS ANCIENS.	NOMS MODERNES.	Pag.
Chalchis	Egripo	55
Chéronée		34
Cherfoné	Gueuz-levé	73
CHERSONESE		72
Cimmériens		73
Cherfonèfe Taurique	Crimée	7, 72
——— de Thrace	Prefqu'île de Gallipoli	60
Cnoffus		52
Cocajon M.		69
Conftantinople; v. Byfance		58
CORCYRE, île	Corfou	50
CORINTHIE		22
Corinthe	Corito	22
Corinthe (golfe de)	Golfe de Lépante	19
Corone	Coron	37
Cnémis, mont		38
Crathis, fleuve		20
CRETE, île	Candie	52
Crius-Métopon, promont.	Aïa	72
CYCLADES (les) îles		53
Cydonie	La Canée	52
CYTHERE; île	Cérigo	52
Cythéron, mont	Elatia	32

D.

DACIE	Valakie, Moldavie & Beffarabie	7, 68
Daces		62
Dnafter, ou Tyras, fl.	Dniefter; en turc, Turla	71
Danapris		71
Danube, ou Ifter, fl.	Danube	65
Delphes	Caftri	36
DELOS, île	Sdili, y compris Rhenéa	53
DORIDE		36
Drilo, ou Druinus, fl.	Drīn	65

NOMS ANCIENS.	NOMS MODERNES.	Pag.
DULICHIUM, île	Dulichio	51
Dyme		20
Dyrrachium	Durazzo	46

E.

EDesse	Edissa	48
Égée, mer	Mer de l'Archipel	27
ÉGINE, île	Engia	12
Egium	Vostizza	20
Égos-potamos, ruisseau.		61
Élatée	Turchochorio	36
Éléens		19
Éleusis	Lessina	28
ÉLIDE	Partie du Belvedère	17
Élide, ou Elis	Gastounie	19
ÉMATIE		47
Épidaure	Pidavra	11
Épidamne, depuis Dyrtachium	Durazzo	46
ÉPIRE	Partie de l'Albanie	45
Érasinus, fleuve		10
Érigon, fl.	Erigon	11, 47
Érymanthe, fl.		24
Érymanthe, mont		24
ÉTOLIE		38
Étoliens		40
EUBÉE, île	Négrepont	54
Eurotas, fl.	Vasili-potamo	13
Évenus, fl.	Fidari	39

G.

GRÈCE-PROPRE	Grèce & Livadie	7, 8
Getes		62
Gythium	Colo-Kytia	15

NOMS ANCIENS.	NOMS MODERNES.	Pag.

H.

Hadrianopolis	Andrinople	57
Hæmus, mont	Emineh-dag	56
Haliacmon, fl.	Iénicora & Platamona	48
Hebre, fl.	Marizza	56
Hélespont	Détroit de Gallipoli	59
Hélicon, mont	Zagoro-Vouni	31
Hélos		14
Hérée		25
Hippocrène, fontaine		32
Hymète, mont		27
Hypanis, fl.		71

I.

Iassiorum municipium	Iassi	70
Iaziges, peuple	Où sont les pet. Tartares	71
ILLYRIE	Partie de l'Albanie, & de la Dalmatie	45
Inachus, fl.	Planizza	19
Ira, mont		16
ITHAQUE, île	Théaki	51
Ithome, mont		16

L.

Lacédémone	En partie Misitra	14
Lacédémoniens		15
LACONIE	Tzaconie	13
Laconie (golfe de)	Golfe de Kolokitia	10
Lamia		44
Larisse	Larissa	44
Lecheum		22
Lébadée	Livadie	34
Lerne (Lac de)	L'étang Molini	19

Noms anciens.	Noms modernes.	Pag.
LEUCADE, île	Leucadia	50
Leuctres		34
LOCRIDE		37
Locriens		37, 38
Lycéus, mont		24

M.

MACÉDOINE	Makidunia	47
Macédoniens		49
Macron-tichos	Le long mur	58
MAGNÉSIE		43
Magnésie	Lamia	45
Malée, promont.	Cap Malio	26
Mantinée	Tripolizza	25
Marathon	Maraton	28
Margus, fleuve	Morava	67
Mégalopolis	Léondari	25
Mégare	Mégara	30
MÉGARIDE		30
Mégariens		31
Mélas, fl.		20
Ménale, mont		24
Messène	Mavra Mathia	16
MESSÉNIE	Partie du Belvedère	15
Messénie (Golfe de)	Golfe ou Baie de Coron	15
Messéniens		17
MŒSIE	Servie & Bulgarie	7, 65
Mycènes		11
MYCONE, île	Miconi	54

N.

NAïssus	Nissa	67
Nauplia	Napoli de Romanie	11
Naupacte	Lépante	38
NAXE, ou NAXOS, île.	Naxia	53

Moms anciens.	Noms modernes.	Pag.
Némée		11
Nestus, fleuve	Nesto	56
Nicopolis	Prévésa-vecchia	45
Nicopolis, en Mœsie	Nicopoli	68
Nysée		30

O.

Œta, mont		43
Olympe, mont		42
Olympie		18
Olynthe	Aghiomama	49
Opunce		38
Orbelus, mont	Monte Argentaro	47
Orchomène		33
Ossa, mont		43

P.

Pamissus, fleuve		16
Parnasse, mont		35
Paros, île	Paro	53
Parthenium, promont.	Félek-bournou	72
Patrée	Patras	20
Pelasgiotide		44
Pelagonie		48
Pélion, mont		43
Pella	Palatissa	49
Peloponese	Morée	8
Penée, fleuve	Salambria	43
Pentapyrghion		59
Penthelique, mont		27
Périnthe	Erecti	57
Pharsale	Farsa	44
Philippopolis	Philiba, ou Philippopoli	57
Phliunthe		21

Noms anciens.	Noms modernes.	Pag.
Phocide		35
Phtiotide		44
Pinde, mont		42
Pise		18
Platée		34
Pyle, *en Messenie*	Navarin	16
Pyrée, *port d'Athènes*	Porto-Leone	28

R.

Rhénéa, île, avec Délos	Sdili	53
Rhodoppe, mont		56
Roxolans, *peuple*		74

S.

Salamine, île	Coulouri	81
Sardique		67
Saronique, golfe	Golfe d'Engia	12
Sarmatie	Terre-ferme de la P. Tart.	7, 74
Sarmates		62
Scardus, mont	En partie M. Argentaro	47
Scythes		63
Scyros, île	Skiro	55
Sestos	Zéménic	60
Sicyone	Basilico	21
Sicyonie	Partie du D. de Clarence	21
Singidunum	Belgrade	66
Sparte *ou* Lacédémone	Misitra, à-peu-près	14
Stényclare (lieu)	Nisi	16
Stratus, *ou* Strato		41
Strophades (les) îles	Strivali	51
Strymon, fleuve	Strumona	47
Sunium, promont.	Cap Coloni	28

Noms anciens.	Noms modernes.	Pag.

T.

Taurésium	Dginstindil	67
Taphræ	Pérécop	73
Taygète, mont	Monte di Maïna	13
Tégée	Moklia	25
Ténare, promont.	Cap Matapan	15
TÉNOS, île	Tine	54
THASOS, île	Thaso	55
Thèbes	Thiva	32
Théodosia	Caffa	73
THERA, île	Santorin	53
Thermopyles	Bocca di Lupo	38
Thermus		39
THESSALIE	Sandgiak de Larisse	42
Thessalonique	Saloniki	49
THRACE	Roum-ili	7, 55
Thraces		61
Tirynthe		11
Tornax, mont		14
Tomi	Tomeswar, ou Baba	68
Trézène		12
Tyras, fl.	Dniester	71

U.

Ulpinianum		67

Z.

Zacynthe	Zante	51
Zarmizégéthusa	Des ruines appelées *Varhel* & *Gradisca*	69
Zernès	Tchernez	70

Turquie d'Eur.   R

TABLE ALPHABÉTIQUE

Des noms modernes des Villes, &c. avec les noms anciens qui y répondent.

[On a marqué d'une * les noms anciens dont il n'a point été parlé dans la Géographie ancienne, à cause de leur peu d'importance.]

Noms modernes.	Noms anciens.	Pag.

A

*A*Ghion-oros, mont··	Mont-Athos······	123, 201
	·············	166, 168
Ak-kerman···········	Epire········	121, 136
Albanie·············		139
Albanois············	*Liſſus*············	138
Aléſio··············	*Aluta*············	153
Alut, ou *Olt*·········	*Adrianopolis*·······	132
Andrinople··········	*Andros*···I·······	197
Andro, île·········		139
Arnāouts············		196
Anti-paros··········	*Arta**············	110
Arta···············	*Athènes*··········	185
Athènes, ou Atheni····	*Ardciſcus*·········	153
Argis, fl.············		

B

*B*Ania-luka·········	·············	143
Baktché-ſeraï········	·············	173
Baliclava···········	·············	171
Belgrade············	*Singidunum*·······	147
Belvedere··········	*Elide & Meſſenie*····	156
Bender, ou Tighino····	·············	167
Beſſarabie···········	·············	121

AVERTISSEMENT. iij

2°. M. Ruffin, fort instruit dans les mêmes langues, & ci-devant Consul de la Nation françoise, en Crimée; 3°. M. Dijon, non moins habile, & qui a passé 40 ans dans le Levant, où il a pris les plus grandes connoissances de tout ce qui concerne les Orientaux. Je me fais même un devoir de convenir que si j'ai laissé subsister quelques erreurs dans les morceaux sur lesquels j'ai consulté ces Messieurs, ce n'est pas de leur part défaut de connoissances à beaucoup près, ni même défaut de complaisance; c'est que j'aurai mal saisi leurs pensées, ou perdu de vue, par l'excès de mes occupations, les conseils & les éclaircissemens qu'ils m'avoient donnés.

L'Ouvrage de M. de Kéralio sur la dernière guerre des Turcs & des Russes m'a aussi été fort utile. Les 100 premières pages de ce Livre sur la Dacie & la Mœsie sont un chef-d'œuvre d'érudition : ce savant Officier a d'ailleurs bien voulu me communiquer des Plans & des Cartes levés sur les lieux par les ordres du Prince de Gallitzin, Général de l'armée Russe. Si je me suis quelquefois écarté du sentiment de cet Auteur, que je respecte infiniment, c'est que j'ai puisé des faits dans les Mémoires concernant les Turcs, au lieu que c'est presque des Russes seuls qu'il a obtenu les matériaux qui font la base de son travail.

AVERTISSEMENT.

Quant au peu que j'ai dit de l'Albanie, sur-tout pour la partie qui touche aux possessions des Vénitiens, je le tiens d'un homme de mérite, dont le savoir & la place doivent inspirer à cet égard la plus grande confiance.

Peut-être l'usage que je fais des services que l'on me rend en ce genre, l'empressement avec lequel je les publie paroîtront-ils un titre pour en obtenir d'autres encore. Je ne finirai donc point cet article sans inviter les personnes que leurs places ou leurs lumières mettront à portée de me procurer des détails exacts & sûrs concernant les pays qu'ils connoîtront, de vouloir bien me mettre à portée de les faire tourner à l'avantage du Public. Je les rechercherai avec empressement, & je publierai leurs bons offices avec reconnoissance. D'après leurs avis, je ne craindrai pas de retoucher aux Parties que je regardois comme faites ; & je proteste que je n'épargnerai ni soins ni veilles pour porter mon Ouvrage au plus haut degré d'exactitude & d'utilité. J'ai même été déja prévenu par un homme fort instruit : le savant & modeste M. l'Abbé H..., Chanoine de..., m'a donné beaucoup de lumières sur la Pologne. J'en ferai usage dans le tems.

Je n'ai pas besoin sans doute de faire remarquer qu'au mérite de l'exactitude, j'ai joint dans

AVERTISSEMENT.

MALGRÉ l'accueil dont le Public a honoré les premières Parties de mon Ouvrage, je suis convaincu qu'elles ne suffisent pas pour donner une idée juste de toute l'utilité qu'il présente, par l'étendue de son plan & les détails de son exécution. Je ne me dissimule pas que le plus grand nombre de ceux qui ont eu connoissance de mon travail ont pu craindre que je n'eusse promis plus que je ne pouvois exécuter. Peut-être aussi, par une confiance fondée sur l'amitié, quelques personnes s'en sont-elles exagéré le mérite. La Partie que je publie actuellement, en fixant à cet égard toutes les incertitudes, va montrer, d'une manière positive, jusqu'où l'on peut porter les espérances à cet égard, & quel doit en être le terme. Ce n'est plus un projet dont on entrevoit plus ou moins nettement l'exécution, & dont on ne fait que conjecturer plus ou moins heureusement les avantages : c'est un morceau de Géographie traité comme il me semble que les hommes instruits désiroient qu'ils le fussent tous, & comme je puis assurer que le sera la suite de mon Ouvrage, si j'ai le bonheur de le conduire à sa fin.

 Je ne répéterai point ici ce que j'ai déjà dit du soin que je donne à l'exactitude de mes Cartes.

ij *AVERTISSEMENT.*

Non-feulement, dans la marche générale de tout l'Ouvrage, le très-favant M. d'Anville a été mon guide, mais, pour ne parler que de la Partie que je donne ici, ayant trouvé fur la Carte de M. le Comte de Choifeul-Gouffier des chofes nouvelles, & les preuves de leur certitude m'ayant paru avoir toute la force de la démonftration, j'ai obtenu de ce Seigneur, auffi obligeant que paffionné pour la vérité & le progrès des connoiffances utiles, la permiffion de prendre dans fon Ouvrage & fur fes Cartes les objets qui pouvoient affurer aux miennes & à mon Ouvrage le mérite d'une plus grande vérité, & par conféquent d'une inftruction plus utile.

En parlant des foins que j'ai donnés à l'exactitude de la *Turquie d'Europe*, je dois publier avec reconnoiffance que j'ai obligation de plufieurs détails fort inftructifs, & de quelques étymologies intéreffantes pour mes Lecteurs, à plufieurs perfonnes d'un mérite diftingué, & que, malgré leur modeftie, je ne puis m'empêcher de nommer. Ce font: 1°. M. le Grand, long-tems premier Interprête du Roi au Caire, & généralement reconnu pour un des hommes de l'Europe le plus en état d'entendre, de parler & même d'écrire le Turc, l'Arabe & le Perfan (1);

---

(1) Je dis de *parler* ces langues, & même de les *écrire*, parce qu'il y a une très-grande différence entre la manière dont on parle l'Arabe en Syrie, au Caire, &c. & la pureté & l'élégance avec lefquelles les bons Auteurs l'écrivent.

DES NOMS MOD. ET ANC. 259

Noms modernes.	Noms anciens.	Pag.
Bihacz............n..	....	142
Boina...............	....	115
Bosna, rivière........	....	143
Boschnats............	....	144
Bosna-feraï..........	....	144
BOSNIE.............	.... 121, 142	
BOUDGIAC..........	....	165
Buccoresti...........	....	155
BULGARIE..........	Mœsie inférieure........	149
Butrinto.............	Buthrotum..............	110

C.

CAffa...............	Théodosia.............	172
Canal de Constantinople...	Bosphore..............	132
CANDIE, île.........	Crète.................	193
Candie...............	....	103
Canée (la)...........	....	193
Caouchan............	Cydonia...............	167
Caffim-Pacha........	....	193
Caffovo, plaine.......	....	148
Castegnats, mont......	Orbelus en partie.......	123
CÉFALONIE, île.....	Céphallenie...........	190
Céfalonie............	....	191
Cingares ou Bohémiens..	....	158
CÉRIGO, île.........	Cythère...............	191
Colo-kitia...........	Gythium...............	188
Constantinople, ou Stambol.............	Bysance...............	126
Corito...............	Corinthe..............	187
CORFOU, île.........	Corcyre...............	189
Corfou...............	....	190
CRIMÉE.............	Chersonèse Taurique.....	169
CROATIE............	............., 121, 141, 142	
Coron...............	Corone...............	188
Croïa................	....	138

R ij

Noms modernes.	Noms anciens.	Pag.

D.

Dalmatie	Partie d'Illyrie	121, 140
Danube; en turc *Touna*, fl.	Danube, ou *Ister*	145
Dardanelles (détroit des)	Bosphore de Thrace	134
Dniester; en turc *Turla*, fl.	Danaster	161
Dnieper; en turc *Ozou*, fl.	Danaster & Borysthenes	166
Drobusche, contrée		151
Drin noir, fleuve	Drilo	136
Drin blanc, fl.	Drinus	137
Drin, fleuve de Bosnie	Drinus	143
Dristra	Dorusterus	151
Dulcigno	Olcinum*	138
Durazzo	Dyrrachium	138

E.

Eghio Pelago	Mer Egée	122
Egripo, île	Eubée	198
Egripo	Chalcis	199
Engia, île	Egine	192
Engia		192

G.

Galata		129
Gallipoli	Callipolis*	134
Golfe de Lépante	De Corinthe	186
—— d'Engia	Saronique	186
—— de Napoli	Argolique	186
—— de Colokitia	De Laconie	186
—— de Coron	De Messénie	186
Grece		181
Gueuz-lévé	Chersoné	171

Noms Modernes.	Noms Anciens.	Pag.

H.

Herzégovina.......	....	141

I.

Jeniskale...........	....	172
Iaffi............	Municipium Iaffiorum....	164
Ienicora, fleuve.......	Haliacmon...........	125
Ioannina...........	Oxynia*............	183
Ifcodar, *ou* Scutari....	Scodra *............	139

K.

Kotchim...........	....	163
Kichela...........	....	168

L.

Lariffa...........	Lariffa............	183
Lépante...........	Naupacte...........	184
Leucadia..........	Leucade...........	190
Livadia...........	Lébadea, ou Lébadée...	185
LIVADIE..........	Grèce propre.........	183

M.

MAïna...........	Maffa............	188
Mankalia, *ou* Tomefwar.	Calitis............	151
Mariza, fl...........	L'Hèbre...........	124
Maure (Sainte)......	Leucas............	190
Mer Noire; en turc, Kara-Degnitz...... }	Pont-Euxin.........	122
Milkovo, rivière......	....	160
MILO, île..........	Mélos............	194

Noms modernes.	Noms anciens.	Pag.
Misitra	Sparte	188
Modon	Méthone	188
Moldava, rivière		162
MOLDAVIE	Dacie-Trajane	121, 159
Monté-Santo	Mont-Athos	123, 201
Morava, rivière	Margus	146
MORÉE	Péloponèse	186
Mostar		141
MYCONI, île	Myconus	196

N.

Napoli de Romani	Nauplia	187
Narinta, rivière		140
Naxia	Naxe	195
Nerin, fleuve		113
Nicopoli	Nicopolis	150

O.

Olt, ou Alut, fl.	Aluta	153
Okzacow		168

P.

Paros, île	Paros	196
Passarowitz		148
Patras	Patræ ou Patrée	187
Péloponèse		121
Péra		130
Pérécop, ou Or-Capi	Taphræ	170
Philippopoli	Philippopolis	133
Proava, fleuve	Naparis	153
Prut, rivière		161

AVERTISSEMENT.

voulant porter ce Tableau à la plus grande exactitude poſſible, je me ſuis réformé moi-même, d'après le ſavant Ouvrage des Bénédictins, ſur les moyens de *vérifier les dates*, mais qui n'en eſt pas l'*art*, quoiqu'il ſoit annoncé ſous ce titre.

Enfin, voulant arriver à lier enſemble les hiſtoires les plus faites pour être connues, ou du moins celles qui nous intéreſſent davantage, j'ai mis hors du Tableau, mais de manière à correſpondre avec le reſte pour la Chronologie, 1°. la fondation & les rois de Rome; 2°. la fondation du royaume de France, & ſes rois, diſtingués par *races* & par *branches*.

Ce Tableau, outre le travail qu'il exige, comprenant deux feuilles au lieu d'une, je préſume que le Public regardera comme une juſtice de le payer le double des autres, c'eſt-à-dire, 16 ſ. au lieu de 8, pour les perſonnes qui ont ſouſcrit.

Comme cette Partie a paru un peu tard, & que ce n'eſt proprement qu'en la liſant que l'on peut prendre une idée préciſe de la nature de mon travail, je préviens que je prolonge encore le tems de la ſouſcription juſqu'à la fin de Juin. Paſſé ce terme, les Cahiers ſeront de 1 liv. 10 ſ.; les Cartes & Tableaux de 10 ſ., excepté les Planches aſtronomiques, qui ne ſeront payées que 8 ſ.: les Tableaux comprenant deux feuilles, ſeront payés 20 ſ.

AVERTISSEMENT.

On souscrit chez l'Auteur, M. MENTELLE, Historiographe de Mgr. le Comte d'Artois, Censeur royal, de Seine, N°. 27; & chez les sieurs NYON l'aîné, rue du Jardinet Saint-André-des-Arts; & NYON le jeune, quai des Quatre-Nations.

Nota. On trouvera aussi chez l'Auteur, au prix de 8 s. chacune, des Cartes sur lesquelles on a mis seulement les montagnes, les fleuves, les divisions & les positions, répondant bien exactement aux Cartes de l'Ouvrage. Ces Cartes sont très-propres à exercer les jeunes gens qui ont étudié celles où se trouvent les noms, parce qu'alors on les leur fait écrire à eux-mêmes.

A cet Avertissement, qui fut publié avec la première Edition, j'ajouterai,

1°. Que cette seconde Edition renferme *deux* Morceaux intéressans sur les Couvens du Mont-Athos & sur le Consulat de Thessalonique.

J'en ai fait tirer un certain nombre d'exemplaires, afin que ceux qui ont la première Edition puissent se les procurer, s'ils le veulent.

2°. Que depuis long-tems j'ai obtenu l'avantage de faire relire & corriger mes manuscrits dans les pays dont je parle, avant de les livrer à l'impression.

GÉOGRAPHIE

AVERTISSEMENT. v

l'occasion celui du désintéressement. Non-seulement j'ai reculé le terme de la souscription, afin que ceux auxquels mon Ouvrage pourra convenir aient le tems de le bien connoître; mais même, n'ayant annoncé que des cahiers de huit à neuf feuilles, je n'ai pas hésité à porter ce nombre à dix & même à douze, plutôt que de trop resserrer des matières susceptibles d'une étendue nécessaire à l'instruction de mes Lecteurs.

Quant au mérite Typographique, il ne faut que jeter les yeux sur les Tableaux qui accompagnent cette livraison.

L'un est Géographique, dans le genre de ceux que j'ai donnés pour les Quatre Parties du Monde, & pour le Monde connu des Anciens. Sur un des côtés, c'est la Géographie *ancienne* comparée à la Géographie moderne; sur l'autre, c'est la Géographie *moderne*, comparée à la Géographie ancienne.

L'autre Tableau suppose un bien plus grand travail, & présentoit, dans son exécution, bien plus de difficultés. C'est un des développemens du Tableau chronographique, que l'on trouve dans ma première livraison. Je le répète, c'est toujours l'idée du Tableau ingénieux publié par M. Barbeau de la Bruyère. Mais elle est ici traitée en grand, & présentée dans toute l'étendue dont

AVERTISSEMENT.

elle étoit susceptible. Chaque Partie aura le sien.

Les divisions verticales sont *géographiques* ; ce sont réellement celles de la Géographie ancienne ou moderne de cette Partie, telles qu'on les trouve dans mon Ouvrage. Les divisions horisontales sont *chronologiques*. Je suis parti, pour l'indication des siècles & des époques particulières à chaque règne, de l'Ere vulgaire, comme d'un point fixe & très-sûr, soit que l'on remonte vers les premiers âges du monde, soit que l'on veuille descendre jusqu'à nous.

J'ai mis dans chacune de ces colonnes verticales, autant que les connoissances historiques me l'ont permis, la suite des rois ou des empereurs. Ainsi, l'on aura tout à la fois, & chacun à sa juste époque, les rois d'*Argos*, de *Sicyone*, de *Lacédémone*, d'*Athènes*, de *Corinthe*, de *Macédoine*, &c. Les empereurs *Grecs* depuis Constantin, les empereurs *Latins* qui régnèrent à Constantinople, les rois de *Bulgarie*, enfin les princes *Ottomans*, les ducs de l'*Archipel*, c'est à-dire, les noms de tous les princes qui ont régné ensemble ou successivement dans cette vaste région.

Si, dans tout ce détail, il se trouve quelques dates différentes de celles que j'ai citées dans le corps de mon Ouvrage, j'en demande pardon à mes Lecteurs : il étoit déja imprimé lorsque,

NOMS MODERNES.	NOMS ANCIENS.	Pag.

R.

Raguse	....	140
Rascie	....	113
Roséas, fleuve	Alphée	186
Roum-ili	Thrace	121, 122

S.

Salampria, rivière	Pénée	182
Salone	Amphissa	184
Saloniki	Thessalonique	135, 225
Santorin, île	Thera	194
Save, rivière	Savus	145
Scutari		139
Semendria, ou Spendow	Aurcus mons	147
Servie	Partie de la Mœsie,	121, 145, 148
Siret, rivière	Ararus	161
Skiro	Scyros	199
Sophia	Près des ruines de Sardique	133
Stampalia		195
Strivali (les) îles	Les Strophades	191
Strumona, fleuve	Strymon	125

T.

Tartarie (petite)		168
Tchuruk-sou		173
Tergovisto, ou Tervis		155
Ternobo, ou Ternow		151
Tersana		129
Thaso, île	Thasos	200
Thèbes, ou Stiva	Thèbes	185
Tine, île	Tenos	197
Top-Hana		130
Tripolizza	Mantinée	187
Tzaconia	Laconie	187

Noms modernes.	Noms anciens.	Pag.

V.

U*na*, rivière		114
Valakie	Partie de la Dacie	121, 152
Valaques		156
Valone (la)	Aulon	137
Vardari, fl.	Axius	125
Varna	Odessus	151
Vasilipotamo, fl.	Eurotas	157
Verbas, riv.		143

Z.

Z*ante*, île	Zacynthe	191
Zante	Zacynthe	191
Zeitum		183
Zia, île	Céos	198
Zyl, fleuve		153

Fin de la Table alphabétique.

TABLE DES ARTICLES.

GÉOGRAPHIE MATHÉMATIQUE. Situation & Etendue, Pag. 5
Bornes, 6
Géographie politique. Divisions anciennes & modernes, 7
CHAPITRE PREMIER. GÉOGRAPHIE ANCIENNE.
Art. I. De la Grèce, 8
§. I. Du Péloponèse, ibid.
De l'Argolide, 10
De la Laconie, 13
De la Messénie, 15
De l'Elide, 17
De l'Achaïe, 19
De la Sicyonie, 21
De la Corinthie, 22
De l'Arcadie, 23
§. II. De la Grèce propre, 26
De l'Attique, 27
De la Mégaride, 30
De la Béotie, 31
De la Phocide, 35
De la Doride, 36
De la Locride, 37
De l'Etolie, 38
De l'Acarnanie, 40
§. III. De la Thessalie, 42
§. IV. De l'Epire & de l'Illyrie, 45
§. V. De la Macédoine, 47
§. VI. Des Isles de la Grèce, 50
Art. II. De la Thrace, 55
Art. III. Notions générales, 61
De la Mœsie, 55
Art. IV. de la Dacie Trajane, 68
Art. V. Des Iaziges, de la Chersonèse & de la Sarmatie. 71
CHAPITRE SECOND. Révolutions historiques, depuis l'origine des Grecs, jusques & compris la conquête de ce pays, par les Turcs, 75

TABLE DES MATIERES.

Art. I. *Depuis les commencemens de la Grèce jusqu'au tems d'Auguste, reconnu Empereur 27 ans avant l'Ere vulgaire*, 75

Art. II. *Depuis le commencement d'Auguste, 27 ans avant l'Ere vulgaire, jusqu'à la conquête de Constantinople par les Turcs, l'an 1453 de cette même Ere*, 88

Royaume de Croatie & de Dalmatie, &c. 91
Royaume des Bulgares, &c. 92
Royaume de Servie, &c. ibid.
Royaumes de la Dalmatie septentrionale & de la Dalmatie méridionale, 93
Royaumes de Rascie & de Bosnie, ibid.
Empire Grec, ibid.
Empire des Latins, 95
Empire Grec, 97
Coup-d'œil général sur l'état de la Grèce, 98
Art. III. *Des Turcs*, 101

CHAPITRE TROISIEME. GÉOGRAPHIE MODERNE, 120
Divisions générales, 121
§. I. Parties septentrionales : 1°. De la Roum-ili, 122
2°. De l'Albanie, 136
3°. De la Dalmatie, 140
4°. De la Croatie, 141
5°. De la Bosnie, 142
6°. De la Servie, 145
7°. De la Bulgarie, 149
8°. De la Valakie, 152
9°. De la Moldavie, 159
10°. Du Boudgiac, 165
11°. De la Petite Tartarie, 168
De la Crimée, 169
§. II. Parties méridionales. I. De la Grèce, 181
1°. Sandgiac de Larissa, 182
2°. De la Livadie, 183
II. De la Morée, 186
III. Des Isles de la Grèce, 189
Supplément, 221
Description du Mont-Athos, Ibid.
Description du Consulat de Thessalonique, 225
Table Géographique, &c. 249

Le Privilège & l'Approbation se trouveront à la fin de l'Ouvrage.

ERRATA.

Pag. 11, Argos..... *Hyppobotos*, lisez *Hippobotos*.
Pag. 45, au *verso*, lisez 46.
Pag. 34, Aulide, *lisez* Aulis.
Pag. 139, Candie, Capit., *supprimez* la note.
Pag. 335, *lisez* 135.

De l'Imp. de P. G. Simon & N. H. Nyon,
rue Mignon. 1785.

www.ingramcontent.com/pod-product-compliance
Lightning Source LLC
Chambersburg PA
CBHW050641170426
43200CB00008B/1104